亡くなった人が教えてくれること

残された人は、いかにして生きるべきか

川村隆枝
Kawamura Takae

アスコム

プロローグ

老人介護施設である「老健たきざわ」の施設長に就任して、5年が経ちました。早かったような長かったような気持ちです。ようやく諸事に慣れてきましたが、どうしても慣れないことがあります。

それは、ご家族を前にした看取りのときの言葉です。

「ご臨終です」のほかに、気のきいた言葉をかけてあげたいのに、その場になると感極まって、言葉に詰まってしまう自分がいます。

何度となく、そうしているうちに、「そうだ、伝えたいことを文章にしてあげればいい」と思うようになりました。

伝えたいのは、残されたご家族への想いでした。
残された者は、生きなくてはなりません。

私自身も、この10年で、父、母、そして夫と、最愛の人たちと別れを告げました。
私は、他界された方のご冥福を祈る一方で、自分の経験から、むしろ後に残された方々の心のケアが必要だと思いました。

日にちが経つと悲しみは薄れていくといいますが、決してそうではありません。
私も、むしろ日が経つにつれて、さみしさ悲しさは一層増して、苦しい日々が続きました。

友人に主人との想い出を話しても、後で決して満足したことはなく、かえって余計なことを話して相手は不快に思わなかったのか考えてしまい、自分自身も気が晴れるどころか虚しさだけが残った気がします。

どうやってその悲しさや虚しさと向き合い、前に進んでいったかというと、いったん、想い出は心の奥にしまい込み、仕事や日常生活を送ってきました。

そして、一人静かになったとき、大切な人を思い出し、楽しかったこと、悲しかったこと、怒ったこと、後悔したこと、あやまりたいこと、等々、思い切り話すのです。二人の間にしか分からないことですから。それに、心の中で話すぶんには誰にも迷惑をかけません。そうすることによって私は、一歩ずつ前に進むことができるようになりました。

亡き主人を想うとき、いつも「あちらではどうしているのかな?」と考えてしまいます。

思い返すと、反対に、たぶん彼も私のことを「元気にしているか、大丈夫かな」と心配しているに違いない。

そう考えると、いつまでも悲しむのではなく、元気に楽しい生活を送ることが、彼への一番の供養ではないかと考えるようになったのです。

それに、愛する人を失ったのは辛いけど、周囲の人たちが気にかけてくれます。言葉はなくとも、その気持ちが切々と伝わってくるのがとてもありがたく、決して一人ではないと気づかせてくれ、勇気が湧いてきます。

ですから、私が大切な人を失った人たちに次の言葉を贈ります。

①二人だけの大切な想い出は、あなたの心の中に留めておきましょう。

②悲しみは心に秘めて、笑顔で元気に、楽しい生活を送りましょう。故人はきっと、あなたの幸せを願っていますから。

本書が、愛する人を失い、悲しみ、失意の底にある人に、少しでも笑顔が戻り、前向きに歩けるきっかけとなれば幸いです。

勇気を出して、残りの長い人生を頑張って生きましょう。

先日、読者の一人から嬉しい話を聞きました。「先生の本を読んでよかったです。本が好きになりました。今まであまり読んだことはありませんでしたが、これからは本を読みたいと思います」とのこと。

筆者冥利に尽きる嬉しい一言でした。O型で単純な私は、喜んで早速筆を執った次第です。

亡くなった人が教えてくれること

目次

第1章 「さみしさ」と付き合うために

第2章 自分を癒やす存在を見つける

第3章 「孤立」を避け、「孤独」は楽しもう

第4章　介護施設はちょっといい話であふれている

第 *1* 章

「さみしさ」と付き合うために

命の不思議

私の夫・圭一はなぜ急に逝ってしまったのか？　亡くなった当初、その疑問が絶えず重く辛くのしかかってきました。

11年前に彼が脳出血で倒れ、幸いにも一命を取り留めた後、病院や介護施設の入退院を繰り返し、やっとそれなりに、体調も精神的にも落ち着いてきたところでした。その矢先の突然の急逝は、どうにも納得がいかず理不尽で忸怩《じくじ》たる思いだったのです。

最後の介護施設に入所してからは笑顔も戻り、車椅子で散歩や外食をすることができるようになり、どんなに嬉しかったかもしれません。

亡くなる1週間前には、彼の好きなウナギやお寿司を一緒に食べました。

前夜には、電話でハワイ行きの航空券が取れたかどうかも聞いてきました。友人がホノルルマラソンに参加するので応援に行くつもりだったのです。行く気満々でした。

その矢先でした。

「それなのになぜ?」「なぜそのときだったの?」「介護施設のスタッフの見回りは?　なぜ気がつかなかったの?」など、突然の知らせに呆然としました。

疑問が次から次へと湧いてきます。

それまでに「命の危機」といえる場面はたくさんありました。

若い頃は交通事故に遭いましたし、中年になってからは飲酒が過ぎて階段から転げ落ちることや雪道で滑って転ぶことも度々でした。そのたびに彼は意識的に頭や胸から落ちて頭皮を何針も縫ったり、気胸で入院したりすることもありました。決して軽いけがではなかったのです（ちなみに、「なぜいつも頭や胸なの?　手で避けたらいいでしょうに」と聞くと、産婦人科医だった圭一は、「産婦人科医は手が大事だから」と言うのが口癖でした）。

私もゾッとしたのは、20代後半の交通事故でした。従兄弟《いとこ》の初子の出産祝いに愛車のミニ1000で駆け付けた後、帰宅中に約30m崖下の川に落ちたのです。その頃は、私たちはまだ婚約中で私は東京、彼は岩手県の病院に出張中だったと記憶しています。一度気を失ったものの、川の流れる水しぶきで意識が戻り、何とか自力で這い上がり病院で治療を受けたと聞いています。助かったのは奇跡的でした。

後で「助手席に乗っていたら即死だったでしょう」と関係者に言われショックでした。まさに前日、私はその助手席に乗っていたからです。

11年前に脳出血で倒れてからも色々な試練がありました。特に死亡率の高い誤嚥《ごえん》性肺炎にかかったときは一瞬もうだめかと思われました。でも頑張って何とか切り抜けて、腎透析にはなったものの一命を取り留めました。

こうして数々の難関を切り抜けて、やっと二人で静かに生きていけると思ったときに、呆気なく逝ってしまいました。これから楽しいことをいっぱいして幸せな人生を過ごしてほしいと思っていたのにあんまりです。

でも、そうやって考えてしまうときは、今は亡き母のことを思い出します。

こういうときに、母はきっとこう言うでしょう。

「寿命だから仕方がない」と。

母は親しい人が亡くなるといつも「老いも若きもその人の寿命。それぞれ命が尽きるまでが一生で、よくも悪くも意味のあることだ」と言っていました。

また、かつて私の上司はこう言いました。「円を描いて自分の出発点（出生）と向かいの到達点（死）に印を付けると、直線で真っすぐ行く道と円を描いてゆっくり到達する道が人によってそれぞれである。最短距離（短命）でも長距離（長生き）でも到達したときに満足感が得られればどちらも幸せではないか」と。

なるほど、少し納得です。「寿命」について調べると、一般的には、人間が生まれてから死ぬまでの時間のことをいいます。この長さには非常に個人差があり、生まれてすぐ死ぬ人間もいれば、１００年以上生きる人間もいます。

厚生労働省によると２０２３年の日本人の平均寿命は、女性が87・14歳、男性が81・09歳です。最近よく聞かれる〝長寿遺伝子〟は、「サーチュイン」と呼ばれる遺伝子で、これが活性化すると生物の寿命が延びるといわれています。

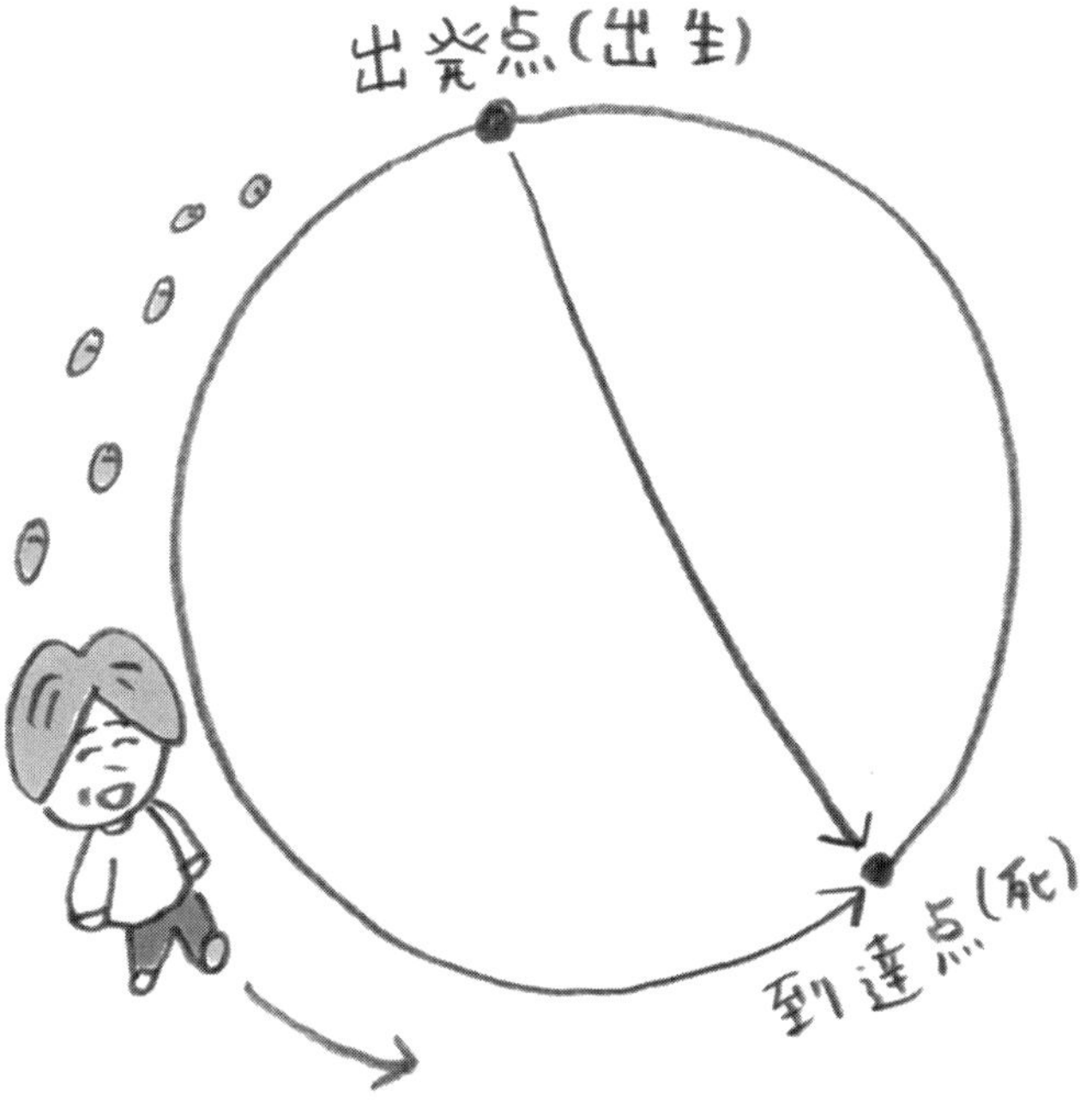
出発点(出生)
到達点(死)

染色体の両端にテロメアという部分があり、細胞が分裂する度に短くなっていき、長さが半分くらいになると細胞の老化が始まり、分裂する能力を失っていくとのことです。かつて上司から、「長生きの原因の一つは遺伝子にあることが分かっているので、ご先祖様にいい遺伝子を授けていただいたと感謝をしないとね」と言われたことを思い出します。

確かに私の祖母、祖父、母は90〜100歳まで長寿だったことを考えると納得できる話で、ありがたいと思います。

ちなみに、長寿遺伝子を活性化させる方法は、ずばり摂取カロリーを減らすことだといいます。確かに暴飲暴食は、高血圧・脳卒中・がん・心臓病・糖尿病などの成人病を引き起こす原因にもなり死因にもなり得るので、理にかなっているといえるでしょう。また、染色体の〝テロメア〟の長さも寿命を決めるといわれています。

「あのとき、こうしていれば」と過去を悔やむときには

寿命に個人差があるのは、なぜでしょう？　長生きをしようと、どんなに努力しても叶わない人もいれば、もうダメだと思っても、奇跡的に一命を取り留める人もいます。私の経験からも「なぜこの人は助かったのか？」「なぜこの人は助からなかったのか？」と疑問に思ったケースが多々あります。

例えば、外傷で救急搬送され、心肺停止で瞳孔散大（ほとんど死亡の兆候）も見られた患者さんが心肺蘇生後、脳障害もなく生き返った例、胸部大動脈破裂で意識のなくなった90代の人が手術によって助かった例などがありました。

反対に50代の一見健康な人がマラソン後に倒れて救急搬送され、心肺蘇生後生存さ

れても、脳障害のため寝たきりになってしまった例など、老若男女、年齢にかかわらず救出できた場合とそうでない場合を考えると、その人の運命としか言わざるを得ません。

医学の発展に伴い、適切な検診や治療を受けても、どんなに腕のいい医師でも助けられる命とそうでない場合があるのは、その人が生まれながらに持った運命と思えば理解できます。

そう考えれば奇跡的な生還を果たすこともあるし、逆に、生まれ持った寿命によって、思いがけず人生を終えることもあり得ます。主人が闘病生活をしていたときに真っ先にお見舞いに来てくれた元気な人が交通事故でお亡くなりになったり、反対にがんを患っていた人が長生きしたりしていることも容易に納得できるものです。

私が勤務する老健たきざわでも寿命の不思議に出会います。

最近はご本人の負担を考えて、経管栄養（チューブやカテーテルを通して、胃や腸に直接栄養剤を注入すること）をせず、口から食べられるだけ食べて、点滴をして寿命を全うするように希望されるご家族が多いのですが、「これでどのぐらい生きられますか？」という質問に戸惑います。

なぜなら個人差があって一様に言えないからです。


経管栄養をしないで、点滴のみになると栄養が入らず水分補給のみになりますので、体力が低下して老化も早まります。点滴のみだと早い人で1週間くらいで亡くなる方もいらっしゃいますし、長い人は数か月も寿命が伸びる方もいます。これもその方が生まれ持った寿命（運命）と言えましょう。

一人ひとりの寿命は、運命的に決まっていて、病気に限らず、事故や災害での突然の死も、本人が生まれ持っているものだとすれば、「運命」を受け入れるのも一つの選択肢ではないでしょうか。

家族や友人が早すぎる死を遂げたとき、「あのとき、あれをしてあげていれば」などと過去を悔やむことは多いけれど「これがあの人の寿命だったのだ」と思えれば、前に進むことができるのではないでしょうか。

主人もそういう運命だったのでしょうと、七回忌を前に私もやっとそう思うことができるようになりました。彼の最期に残した言葉「俺たち、いい夫婦だったよな」「好きだよ、好きだよ」は、自分の寿命が近づいたことを悟ったからこその言葉だったのではないでしょうか。

この言葉から彼は幸せだったと信じ、私もまた、これほど愛した人はいない、彼に出会えたことに感謝し、これからは、残された者として故人のぶんまで、長生きをして、故人がおそらくやりたかったことを念頭に、前に進んでいきたいと思います。

大切な人を失ったあなたもそう考えてはいかがでしょうか。

「遺品整理」「終活」に、断捨離は必要？

最近周辺で「断捨離した！」とか「断捨離した？」とかよく聞きます。

断捨離とは、いらない物や長くつかっていない物をただ「捨てる」ことだと思っている人も多いのではないでしょうか（私も、断捨離の本当の意味を知るまでは、そう思っていました）。


しかし実は、断捨離は片付け論の一つであり、ヨガの教えから着想を得て生まれた言葉だそうです。

断捨離を提唱したやましたひでこさんによると、「モノを〝ダイエット〟し、不要なモノを〝デトックス〟することで、住まいに新陳代謝が促されます。住まいに溢れる過剰なモノを『出す』ことで、住環境に『巡り』を取り戻して」いけるそうです（『人生を変える断捨離』やましたひでこ著・ダイヤモンド社刊より）。

断捨離には、それぞれの文字に、次のような意味があるそうです。

断…入ってくる不要な物を断つこと。
捨…家にある不要な物を捨てること。
離…物への執着から離れること。

こんなふうに、断捨離は、この漢字3文字を組み合わせた造語で実は深い意味がありました。つまり、不要な物を断ち切り、物への執着心をなくすことで、身軽で快適な生活や人生を手に入れようとする前向きの考え方が断捨離です。

さらに、風水では、整理整頓された部屋は風通しがよく、運気やお金などの幸運が舞い込みやすくなるといわれています。逆に、物にあふれた部屋は、不要な物や使わない物が厄となって運を停滞させてしまうそうです。つまり、断捨離で不要な物を処分することで、部屋が片付くだけでなく、運気アップまで期待できるらしいので、それには賛成です。

世の中を、何でもかんでも捨ててしまう人と、なかなか捨てることができない人に分けると私は後者の部類に入ります。でもこの前向きな生き方をするための断捨離の意味を理解すると即、実行してみたいと思いました。

その一方で、最近耳にする「親の遺品を断捨離する」とか「終活の一環として大切な物を断捨離する」と言うのには違和感があります。

愛する人の遺品は、ただのモノというより大切な思い出であるからです。愛着のあるモノを手元に残すことで得られる喜びやエネルギーはおおいにあるでしょう。私の場合、夫の遺品、特に衣類は捨てがたく自分で着ています。そうすることで、いつも一緒にいるようで、何となく幸せな気分になるのです。

もちろん、自分で使えないモノは夫の親しかった友人、知人に「かたみ」として差し上げています。あくまでも執着を捨てるのではありません。お相手が夫を偲び喜んで手元に置いてくれる人だけに差し上げるのですから。

両親が亡くなって「思い出の品を見ると辛いから」とすぐに遺品を処分した子供が、何年か経って気持ちが落ち着いてから「やっぱり捨てなければよかった」と後悔する声もよく聞きます。

遺品をすべて取っておくことは不可能で処分を余儀なくされる場合もありますが、

それは断捨離ではなく片付けといったほうが適していると思います。なぜなら、大好きだった人の残されたモノを処分するのは物への執着を捨てるわけではないからです。

人生100年時代。まだ捨てるには早すぎる

また自分自身のこととして、超高齢化社会において、「残された家族に負担をかけないように」とか「残された人生を充実させるため」に終活の一環として、身辺整理をはじめる人が増えていきます。

70歳を過ぎたら、当たり前だったことを「やめる」・大切にしていたものを「捨てる」・そして過去への執着から「離れる」。こういうことを実践していけば、人は自由に楽に生きることができると提唱し、いわゆる断捨離を勧める人もいます。

実際に、身近にも「断捨離している？」とか「そろそろモノを整理しないと残された家族に迷惑だから断捨離をしているの」という声が聞かれます。

しかし、今や、人生100年時代。まだ大切なモノを捨てるには早すぎます。残された人生を充実させるためにこそ、本当に必要なのは捨てることではないと私は思います。私自身は「終活」なんて考えたこともありませんし、自分の思い入れのあるモノを減らすことは考えていません。

人間いつ何が起こるか分からないからこそ、毎日を大切に楽しいと思える生活を送りたいと思います。亡き母が言っていた「長生きの秘訣は、年を数えないこと」をいつも心がけています。

いくつになっても前向きで、やりたい仕事を続けることが、精神的安定感を保ち免疫力を上げ、いつまでも若々しく長生きに繋がると思います。ちなみに、母は101

歳まで生き、その生き様は娘の私からみてもアッパレでした。終活なんてやめましょう！

寿命が延びれば病気のリスクも増してきます。そこで単に長生きをするのではなく健康長寿が大切になってきます。

死んでから起きることを心配して大切な時間を無駄にするのではなく、今の生を充実させることこそ健康長寿に繋がると考えています。モノを捨てることでストレスを感じるより、モノを大切にしたほうがよほど楽しくて、心地よい時間を過ごせます。

死後を見据えた終活を考えるより、今まで得た大切なモノや経験を財産に、もっと楽しい生き方を考えたほうが得策だと思います。突然の別れによるモノの処理が心残りなら、家族または知人に処理に必要な費用を残してあげるのもいいと思います。

というわけで、「モノを捨てられない私」ですが、帰宅したときに快適と思える部屋にはしておきたいので片付けはしつつも、終活を意識して「もう古いモノだから」という理由で断捨離することはしないようにしています（むしろ古いモノほど思い出があり愛着のあるモノが多く、よれよれになったTシャツなど着心地がよく大好きです）。

もし断捨離するとしたら、前向きな生き方をするための断捨離をしてみてはいかがでしょうか。

眠れぬ夜は、韓国ドラマがお勧め！

大切な人を失った人にとって、夜は辛くて長いものです。

夫の圭一が逝って、すべての行事が終わった後、悲しみが一気に襲ってきました。

そこから、なかなか眠りにつけない日もでてくるようになりました。そんなことから、ベッドで本を読みながら、寝つく習慣ができました。ところが最近もっといい方法が見つかりました。韓国ドラマです。今、はまっています。

これも圭一がくれたプレゼントかな？　私がさみしがらないように。

若い頃は二人で仕事が終わった後、深夜まで映画館に入り浸っていました。私は半分寝ていましたが彼はしっかり観ていました。それほど映画好きだったのです。もともと主人は親戚が映画館を経営していたので、子供の頃から映画を観ながら育ったそうです。

以前、友人が勧めてくれたときは「韓国ドラマなんて」と馬鹿にしていましたが、いざ観てみると、面白いことが分かりました。

まず俳優さんたちの芸がきめ細やかですごいです。私は、医療ドラマ、法律ドラマ、サスペンス、コメディーなどが好きですが、専門用語をそれらしく、よくスラスラと言えるものだと感心します。

友人曰く、「韓国の俳優の多くは厳しい大学を卒業しているので、語学は堪能、演技もしっかりしているのよ」だそうです。なるほど、納得です。さらに、辛いキムチのせいでしょうか。アップに耐えるほど肌がきれいです。キムチに含まれているカプサイシンのせいか？　と勝手に推測しています。

また、主演男優、女優だけではなく脇役の演技も光ります。シナリオもピカイチです。シリアスなものでもどこかに笑いがあり、ホッと一息つけるのが嬉しいです。

ここでは、独断と偏見ですが、私の一押しの3作品を紹介してみます。

1．〈ドリーム─狙え、人生逆転ゴール！─〉

本作は2010年に韓国が初めて参加したブラジルでの「ホームレス・ワールドカップ」の実話に基づいた作品で、アマチュアチームのドタバタトレーニングと試合過程を描いた物語で、サッカーを通して人生の再起を図る人々の姿を、温かな目線で描いた感動作です。

もともとはプロサッカー選手だったが、素行の悪さから謹慎処分となった主人公ユン・ホンデ。そんな彼が、ハンガリーで開催される「ホームレス・ワールドカップ」韓国代表の指導者に任命され、さまざまな事情を抱えた〝寄せ集め〟のホームレスたちと共に、実現不可能とも思われる優勝を目指して奮闘する姿が描かれています。短気な監督の下、厳しいトレーニングに耐える素人選手たち。国際舞台で傷だらけになっても、めげずに立ち向かう選手たちに韓国以外の聴衆から応援の声が響きます。

そして、結末は？　思わず拍手をしたくなる、不屈の精神をテーマにしたユーモアたっぷりの感動作です。

2. 〈梨泰院クラス〉

ソウルにある街、梨泰院《イテウォン》で小さな飲み屋を開店させた前科者の青年とその仲間たち。成功をつかむため、そして父親の仇をうつために、飲食店業界NO．1の大物相手に無謀すぎる復讐劇が始まります。

パク・セロイは、いじめをしていたグンウォンを殴り、彼の父チャン・デヒから謝罪を要求されますが、断ったため高校を退学になります。その後、父を轢き殺したグンウォンを殴り刑務所に入るも世の中の不公平さに復讐を誓い、梨泰院にレストランを開くことから始まります。

叩かれても、叩かれても巨大な圧力に屈せず立ち向かう、正義感の強い主人公とその仲間たちに喝采です。観ている私たちに勇気と活力を与える感動作です。日本でも多くの人が観て話題になりました。

3.〈愛の不時着〉

実業家で財閥令嬢のユン・セリは、パラグライダーの飛行中、竜巻に巻き込まれ北朝鮮に不時着してしまいます。見張りの北朝鮮兵たちから必死に逃げるも、自力での脱出は無理だと悟ったセリは、北朝鮮の将校リ・ジョンヒョクに匿《かくま》ってもらうことに。

それをきっかけに二人は恋に落ち、彼の支えを受けて無事に韓国へ帰国するというドラマティックな展開です。

ジョンヒョクと第5中隊のメンバーたちは、彼女を韓国に帰す方法を模索しますが、北朝鮮軍の陰謀やセリの後継者争いが複雑に絡まり、事態は悪化していきます。

第5中隊のメンバーやその家族とは疑心暗鬼の中で最初はぎこちないやりとりでしたが、食事や生活を共にするうち、次第に心が通うようになり、北でも南でもなく人間としての温かさに触れ、信頼と友情が生まれます。

個人対個人では、仲良くなれるのに、国家という巨大な組織では敵対するという矛盾を見ていて、心が痛みました。

この作品では、ただの恋愛劇に留まらず、普段見られない北朝鮮の実情がリアルに描かれていた点にも興味を持ちました。ニュースで取り沙汰される朝鮮半島の国際情勢をシビアに、そしてユニークに描いた前代未聞の内容も魅力になっています。

また、北朝鮮と韓国の文化の違いがユーモアを交えて描かれています。例えば北の民家では、夜の定刻になると電気が切れ、ロウソクで灯りを取ったり、カーテンで仕切った空間で水シャワーを浴びて悲鳴を上げるなど。

反対に、北の人々がソウルに招かれると、セリの財力と権力に圧倒されます。「電気が一晩中使えるのか？」「こんな広い部屋に一人で住んでいるのか？」「シャワールームもある!!」等々。このドラマは、甘いロマンスだけに留まらず、アクションやサスペンスも取り込まれハラハラドキドキのスリル満点の展開、さらに笑いもありで何度も観たい作品です。

以上3作はすべて勇気と元気を与えてくれる、さみしい大人には必見です。ぜひ、お勧めしたいと思います。

どうしても眠れないときは、睡眠薬に頼ったっていい

そうはいっても、どうしても眠れず、苦しんでいる方もいらっしゃると思います。

実は私も、24年前に最愛の父を亡くしたときは、なかなか寝つかれず不眠症になったことがあります。友人の内科医に相談すると、「睡眠は大事だから軽い睡眠薬を飲んだら」と忠告してくれました。

「それは早く寝られていいけど、癖にならない?」と言うと、「睡眠不足でもうろうとして事故を起こすほうがよほど危ない。今は癖にならない、軽い睡眠剤もあるし、睡眠導入剤もある」「試してみたら?」とのこと。

確かに睡眠不足だと日中に眠くなったり、首や肩が凝ったり、ボーッとして仕事がはかどらずイライラしたりすることもあると気がつきました。そこで、睡眠導入剤を

開始しました。何もかも忘れてぐっすり眠りたかったのです。

それが約10年続きました。「もう、この薬はやめられないのかな?」と心配し始めた頃でした。きっぱりとやめることができたのです。それは、夫の圭一が脳卒中を患った後でした。切なく辛い思いもありますが、それ以上に介護と仕事の両立に疲労困《こん》憊《ぱい》したせいでした。


仕事を終えて仙台から帰り、車で介護施設まで行き圭一と会い帰宅すると、もうくたくたで居間のソファーで寝込む毎日でした。はっと気がつくと「何だ! 睡眠導入剤なんかなくても寝られるんだ」と。それ以来睡眠導入剤は必要なくなりました。

どうしても眠れないときには、一時的に睡眠剤を飲むのもいいと思います。快眠、快食、快便は元気に過ごす源です。最近では癖にならない軽いものもありますので、主治医と相談して服用するのも一法です。

十分な睡眠をとり、一度リセットして新たな気持ちで頑張りましょう!

さみしさと不安な気持ちを救ってくれる存在

別れは突然やってきます。そのとき、家に帰ると長年連れ添った夫や妻、家族がいないことに呆然とします。さみしさと、これから何を目指して生きていったらいいのか不安と恐怖が襲ってきます。そんなとき、そんな気持ちを救ってくれる存在がいると、非常に心強いです。

私の場合は愛犬に救われました。彼らは、お話はできませんが、その仕草で色々な表現をしてくれます。余計なことは言わず、尻尾を振って寄り添ってくれる、何も言わなくてもそばにいるだけで慰められます。

愛犬というより、私にとってはそれ以上のステキなパートナーです。夫が脳出血で倒れて生死をさまよっていた頃、病院から帰った私は、恐ろしさと絶望感でソファーに倒れこみ身動きすらできませんでした。

そのときに愛犬ラルフが自分の大切な愛用のボールをくわえて私に持ってきてくれました。「私にくれるの？　ありがとう！」そう言いながらラルフを抱きしめてさんざん泣いたのを覚えています。

あふれる涙をじっと見つめて、私の膝の上に静かに座っていました。そのとき、彼の温かさが伝わってきて「負けてはだめ、頑張らなくては」と心を奮い立たせたのでした。

1歳年下の弟・メルはいつものように私の足元にお座りしてこちらを見ている、あどけない姿が愛らしかったです。「ここで私まで気力をなくしてダメになると、主人やこの子たちはどうなるのだろう!?」そう考えると、彼らのためにもしっかりしないと、と自分に言い聞かせました。

その頃は、クリニックの建物の借金もあり、従業員たちへのお給料やボーナスなど、かなりの費用がかかるほか、入院患者さんたちの他院への紹介もあって泣いてばかりいてはいられない状況でした。

何とか頑張ってクリアできたのも、無言で見守ってくれた愛犬たちのおかげだと思っています。

丑《うし》年生まれの私に誰かが「丑年生まれは犬に助けられるから、よかったね」と言ってくれたのを思い出します。

なるほど、確かにそういえば、思い当たることがいくつかあります。岩手医大麻酔科で超多忙のときに、私のお世話になっているご住職に「もう、仕事でくたくたになって帰ると、なぜか2匹ともこれ見よがしにおしっこやウンチをするんですよ。足が短いからおしっこシートは外すし、疲れているのに大変です」「主人に言うと、きっとあんたに取ってほしいんだろと言って手伝ってくれないんですよ」と不平不満をぶちまけました。

するとご住職は静かに微笑んでこう言われたものです。

「それは、先生が犬たちに助けられているんですよ。それらの後始末をしている時間は何も考えず、無になっているでしょう。仕事上の色々な問題をリセットできているはずですよ」

なるほど、そう言われてみると、確かにつかの間の無心の後は、モヤモヤが飛んで通常の自分に返ったような気がしました。

本能的に仲間を傷つけることはしない2匹

ラルフは私にべったりで、メルは主人によく懐いていました。2匹は仲良く、人間の兄弟と同じく次男のメルはラルフの真似をして順調に育ち、常に2番手の座にいましたが、食事だけは素早くラルフのぶんまで取って食べる始末でした。

生まれたときから競争相手がいる次男は、それだけ闘争意識が高いってことなのでしょう。成犬になると体力がラルフより上回り、2匹で喧嘩をするようになりました。

牙をむいて、見ていて恐ろしいぐらい本気で喧嘩をするので、獣医さんに「どうやって止めたらいいのですか?」と聞くと「そういうときは仲裁しないでください。大丈夫です」と、動物同士の喧嘩ですから干渉しないほうがいいと言うのです。

仕方がないので声だけで注意して終わるまで見ていると、あんなにひどい取っ組み合いをしていても不思議とどこも傷つけず血を流すことはありませんでした。威嚇がメインだったのです。本能的に仲間を傷つけることはしないんだなと感心しました。

人の世界でも以前は子供の喧嘩でもけがをさせることはあっても殺すようなことはありませんでした。現代では、気に食わないことがあると、いきなり刃物で切り付け、殺傷事件になることが多く、大人も子供も犬の姿に学ぶべきだと思います。

「俺の代わりに逝ったんだな」

約1年後に圭一が一時帰宅をしたときに、2匹を彼の部屋に連れていきました。感動の再会と思って、ベッド上に置いて、「お父さんですよ。久しぶりだよね。よかったね」と言ってみていると、何か変なのです。

父っ子だったメルが後ずさりをして行こうとしませんでした。反対にラルフのほうが顔にすり寄っていきました。動物的な勘で何かを感じたのでしょう。「メル、どうしたの？　あんなに可愛がってもらったお父さんなのに」と言っても、何か怖いものでも見るように以後近寄ることはありませんでした。

しばらくして、ラルフは14歳で他界しました。

吐血して点滴をするため病院に通っていたときでした。綿のように軽くなったラルフを抱っこして、「ラルフ、見てごらん。雪が降ってきた！　きれいだね」と言いながら涙が流れて止まりませんでした。

そうした数日後に、ラルフは亡くなりました。生後すぐに胸に抱いて育てたラルフ、両腕にその温かさがいつまでも残っていました。圭一に「ラルフが逝ってしまった！」

と言うと「俺の代わりに逝ったんだな」とポツリと言いました。
今でも思い出すと涙ぐんでしまいます。

彼らは、私たちのことをよく見ている

主人が最後にお世話になった介護付有料老人ホーム「ブライトステージ」では、犬を連れていってもいいということで、早速犬用の乳母車（と言えば伝わるでしょうか？）を買ってメルを連れて行きました。その頃は入所者さんたちの癒やしのために動物を許可する施設が増えていました。

とてもいいアイデアだと思い、せっかく連れて行ったのに、メルは相変わらず消極

的です。「あんなに可愛がってもらったのに薄情ね！」と思いながら、主人に「お得意の餌づけでつったら？」と言っておやつでつることになりました。

ところが、現金なことにおやつだけもらって、そそくさと私のところに帰ってきてしまうのです。圭一が麻痺のない右手で撫でても居心地悪そうにしてこちらに来てしまいます。「以前と何かが違うと感じるのでしょうね。そのうち慣れてまた懐くでしょう」と言ったものの彼がかえって傷つきそうで、その後はもうやめました。

そばにいれば、少しは慰めになるでしょうに、という私の期待は見事に打ち砕かれましたが仕方がありませんでした。

ラルフが逝ってから数年後にメルも後を追いました。メルは私のベッドの上で、寝ている間に逝ってしまいました。数日前まで喜んで散歩をしていましたので、青天の霹靂《へきれき》でした。

亡くなる前夜は犬用の酸素テントにいれていましたが、私と一緒にいたいようでしたので、その夜はいつものようにベッドに連れて行きました。息が荒かったため寝ないで様子を見ていましたが、不覚にもつい寝てしまった間に逝ってしまいました。

動物は人前を避けて亡くなると聞いていたのは、本当でした。思えば2匹とも長生きで、最期まで手のかからない、いい子たちでした。今は2匹とも一緒に静かな、岩山の動物霊園で眠っています。

お盆になるとお参りに行って「二人で仲良くしているの?」と言いながら手を合わせると、在りし日の2匹の愛くるしい姿が目に浮かびます。「聡明なラルフと甘えん坊で可愛いメル、いつまでも忘れないからね。楽しかった日をありがとう」と心の中でささやく私です。

第2章

自分を癒やす
存在を見つける

素敵なパートナー

2匹がいなくなってからも主人の介護でいっぱいでしたが、圭一との突然の別れの後は、耐えられず、「そうだ、また犬を飼おう。ラルフやメルに似たミニダックスを飼いたい！」そう思うと居ても立ってもいられず迷わずペットショップに行き、出会ったのが、今のポロでした。主人の好きなファッションブランドである「ラルフローレン」にちなんで、「ポロ」と名付けました。

ポロは嬉しいときも、さみしいときも、苦しいときもいつも一緒にいてくれる愛犬というより、素敵な、たのもしいパートナーです。

一人残されたとき、犬を飼うことをお勧めします。ペットショップで高価な犬を買う必要はなく、保健所で保護されている犬たちもいます。彼らはもともと飼い犬だったせいで、人懐こいと聞いています。

親しくしている方の愛犬を見て、「おとなしくて賢そうなこの犬の種類はなんですか?」と聞くと彼女は微笑んで「雑種ですよ。保健所で殺処分を受ける前にかわいそうだから引き取ったんです」と。彼女は裕福で、血統書付きの犬を買うのは問題ないのに、あえて保健所から引き取って育てるのは、なかなかできないことと思い、彼女の勇気と優しさに感動しました。

その愛犬は、とても雑種とは思えないほど、真っ白で清潔でおとなしくて賢そうな犬でした。人と同じく、愛情いっぱいに育てられると、こんなに穏やかな、いい表情になるんだなとつくづく感心したものです。第2の人生のパートナーにぜひお勧めいたします。たとえ、丑年でない方でも守ってくれると思います。

しつこいようですが、可愛いですよ!

ポロと歩けば

休日の朝はポロと散歩に行くのが私の習慣です。
犬も歩けば棒に当たるということわざがあるように、何かいいことがありそうで、ワクワクしながら出かけます。

疲れているときは休みたい日もありますが、散歩好きなポロがリードをくわえて尻尾を振って玄関先で待っていると行かないわけにはいきません。運動不足解消のためにも続けています。最初は億劫でも、お気に入りのTシャツを着てカラフルなリードを持って出かけると、「今日はどんなことがあるのかな？」「どんな人と会えるのかな？」と気持ちが明るくなります。

私は今、盛岡に住んでいますが、住んでいるマンションが繁華街にあるため、すぐ裏の通りは飲食街が続きます。

ポロと一緒にそぞろ歩き、周りを見渡してみると、懐かしいお店にたくさん出会いました。主人とよく行ったお店です。当時私は仙台医療センターに勤務していて盛岡の夜の街はほとんど知らず主人任せでした。ただ付いて行っただけなので場所には全然興味なく知りませんでした。

「このお店はこんなところにあったのね！」と思わず言ってしまいそうなお店がたくさんあるのに驚きました。

こうやってポロと歩くと、圭一との思い出があふれ出てきます。

主人は、クリニックを開業していて「一日中診察室と自宅なので、夜は巷《ちまた》で発散したい。旨いものが食べたい！」と言って私を連れて歩いたものでした。

彼は酒豪でグルメの人でしたので、美味しいお店やバーによく行き、もちろん私も堪能しました。歩きながら懐かしいお店に出会うと彼を思い出して涙が出てきます。

彼との思い出のお店

大通りと中央通りの間の細い道は、いつもポロと通る散歩コースです。この近辺は居酒屋や飲み屋街が続きます。最初に目についたのが「戦国焼鳥 秀吉」です。ほら貝の音色で迎えてくれ、備長炭で焼いた焼き鳥を美味しいお酒と共にいただくときの圭一は本当に嬉しそうで幸せそうでした。隣でその横顔を見ている私も幸せでした。

私は鶏肉が苦手で焼き鳥屋さんには行かないことにしていますが、「秀吉」だけは別です。圭一に「食べろ！　旨いんだから」と言われてしぶしぶ食べたのが、軟骨の串刺しです。

炭火焼きのせいか、臭いもなくカリカリして歯応えもよく好んで食べました。また、焼き鳥のほかにお肉のしそ巻き、トマトの肉巻きもあり、ジューシーでとても美味しかったです。目の前で焼いてくれる味噌焼きおにぎりも味噌が香ばしく忘れられない味です。何度も連れて行ってもらいました

ポロはなぜかいつもこのお店の前で立ち止まって、くんくんして動きません。

きっと焼き鳥のいい匂いがするのでしょう。「圭一パパは大好物だったのよ。ポロもこのお店、好きなの？　一緒に入って食べたいけど君は入れないからお家で食べようね」と言いながらいつも通り過ぎます。

この辺のビルの一室に確かライブハウスの「スイング」があったはずなのですが、

見当たりません。圭一とその友人と3人でよく行きました。オールディーズの曲を知人のグループが歌っていて興に乗ると彼らは総立ちでリズムを取っていました。懐かしい思い出です。コロナ禍以降色々なお店が閉店に追い込まれたと聞きました。きっとそのせいかも、と考えると少しさみしい気持ちになりました。

彼が転ぶと、顔や頭にけがをする理由

「遠野ジンギスカン」もまた思い出深いお店でした。

友人たちとしこたま飲み食いして、店を出るときに少し傾斜のついた玄関先で圭一が滑ってひっくり返りました。

かなり強く頭を打ったので傷から出血が止まりません。ハンカチで押さえて一緒にいた友人が経営している赤坂病院に行き、赤坂俊幸先生に何針も縫っていただきまし

た。止血はできたものの心配なので、たぐち脳神経外科クリニックでCT検査をしていただきました。脳出血の有無が心配だったからです。幸い疑わしい所見はなくホッとしたものでしたが、苦い想い出でした。

ちなみに、いつも酔っぱらったり、雪道で転んだりすると決まって顔や頭のけがをするので「どうして、手でよけないの?」と聞くと、「俺は産婦人科医だからな。外科医は手が命なんだ!」と。さすがプロ! あっぱれな言葉ですが、「それなら転ぶまで泥酔しなきゃいいのに」といつもたしなめる私でした。

田口壮一先生は私が岩手医大麻酔科に勤務中、研修医の一人として可愛がった人で夜中にもかかわらずすぐに診ていただき、ありがたかったです。ご両親とも主人共々、ご懇意にしていただきました。今は、ご両親ともお亡くなりになりましたが、何かとお世話になり心から感謝しています。

菜園まで来ると菜園ビレッジの4階に「松もと」という割烹料理屋がありました。通称「まっちゃん」は、圭一の友人で、料理の味はピカイチでした。京都の「たん熊」で修業したかいがあり、とても美味しいうえプライベートを重視してくれるので、決してまずい相手とは重なることなく、いつも気楽に居心地のよい空間でリラックスできました。

圭一が闘病中は、二人だけのために貸し切りにして、お気に入りのジャックダニエルのソーダ割りと、お腹に優しい料理を作ってくれました。脳梗塞で片麻痺になった後、そこで初めて笑顔になってくれ、涙が出るほど嬉しかったのを覚えています。友達はありがたいと痛感しました。残念ながらコロナ禍の後閉店して他の場所に移ったため、なかなか行かれなくなってしまいました。

美しく哀愁に満ちた街・盛岡

菜園のホテルロイヤル盛岡の横の細い道を歩くと「横綱寿司」があります。

ここのビルの日陰で一休み。ポロは耳の後ろを掻いて一息ついています。「横綱寿司」の親方は江戸っ子気質で気風《きっぷ》がよく話もテンポよく走ります。

ネタもよければ、話もうまい、特にシャリが少なく1貫ずつ注文できるので、好きなものを好きなだけ食べても「カロリーオーバーにならないかな?」と心配になりません。東京の友達も盛岡に来ると必ず行くという名店です。主人亡き後も友達とよく行っています。

そのほか大通りにはメキシコ料理の「サンダンス」、ステーキの「天元」など多くの知っているお店が並びます。

「サンダンス」では、ビールのコップの中にテキーラの入ったショットグラスをいれて「ダイナマイト」と言って飲み干したのを思い出します。「体に悪いことこの上もない。医者ともあろうものが！」と何度も注意しても「いいから、いいから、旨いんだ」と言って美味しそうに飲んだのを今でも思い出します。

圭一はお肉が大好きで、レアかミディアムレアを好みました。「天元」はその頃備中炭の上で炭火焼きでしたので、脂っぽくなく美味しかったです。


中央通りを県庁の方に歩いて行くと一本桜の「石割桜」にたどり着きます。春の満開の頃は、見物客でいっぱいになります。盛岡市はニューヨーク・タイムズが発表した世界で「２０２３年に行くべき52か所」のＮＯ．２に選ばれたせいか、外人客がたくさん訪れていました（ＮＯ．１はロンドン）。

散歩道でポロと歩いていると「オーッ、キュート（可愛い）！」と頭をナデナデしてくれたのでポロも嬉しそうでした。マンションから出て反対側に行くと桜城小学校、岩手山神社、北上川があり、春は桜、秋は紅葉、冬は雪の中を元気よく走り回ります。

ポロはミニダックスで足が短いため新雪に埋もれてしまいますが、ピョンピョンと鼻に雪をくっつけて飛び回るのがとても可愛いです。

北上川の近くを歩くと、石川啄木の「やはらかに柳あをめる北上の岸辺目に見ゆ泣けとごとくに」という短歌を思い出します。天才が望郷の念を込めてよんだ歌、それほど盛岡は美しく哀愁に満ちた街なのです。

大切な人を想いながら、思い出の道を歩く

今日はなぜか人混みが多く「どうしたのかな?」と思っていると、そうだ、6月8日は「チャグチャグ馬コ《うまっこ》」の日（毎年6月の第2土曜日に開催）だったのです。

その日ポロと大通りを散歩していると煌《きら》びやかな装束をまとった農耕馬が小さな子供を背に乗せてゆっくりと歩いています。かなりの数だと思い聞いてみると約60頭にものぼるといいます。驚くと、何でも以前は80頭はゆうに越していたらしいです。最近は機械化が進み実際に田んぼを耕す農耕馬は見られなくなったため、数も減少しているそうです。

「では、現在はあの農耕馬たちは日頃何をしているの？」と素朴な疑問を、私が施設長に就いている「老健たきざわ」で一緒に働いている桑原美幸師長に投げかけました。するとと、桑原師長は、「何もしていない。1年に1回のチャグチャグ馬コのためかな？まあ、今風に言えばペットかな？」だそうです。「ペットとして飼うには相当費用がかかるのでは？　南部曲がり屋の馬小屋にすんでいるの？」と真面目に聞くと大笑いされ、「それは昔の話！　今はそんなことをしている家はどこにもないです。馬は牛舎に預けるか別の小屋に」「普段は何をしているの？　寝て起きてただ居るだけだと体がなまってストレスもたまるんじゃない？」「大丈夫、その家の持つ広い土地を散歩させたり、走らせたりしているから」

なるほど、それでは数が減るのは納得できました。誰でも飼うことはできないからです。よほど馬好きか経済力がなければできないからです。その家のステイタスにもなっているのでしょう。馬も幸せです。

「チャグチャグ馬コ」の馬たちは競馬用のスマートなサラブレッドと違い、牛のようにずんぐりむっくり、足は太くていかにも力強く農耕に適した姿形です。

私も一度馬の背に乗ったことがありますが、かなり高さがあり振り落とされたら骨折は確実だと怖かったのを覚えています。でも馬は静かで優しい目をしていて、穏やかでよほど悪さをしない限り大丈夫です。

「ポロ、吠えないんだよ。いくら威嚇しても君は勝てないんだから」

「チャグチャグ馬コ」は、無形の民俗文化財に指定されており、その鈴の音は「残したい日本の音風景100選」に選定されています。色鮮やかな装束を身に着けた馬コは鵜飼の鬼越蒼前《おにこしそうぜん》神社にお参りした後、盛岡八幡宮まで約14kmの道のりを、チャグチャグと鈴の音を響かせ行進します。その姿は壮大で圧巻です。

「脱水になると大変だから、水筒でも持っているのかしら？」と言うと師長は、また大笑い！

途中、中ノ橋のたもとで休憩し、中津川に係留されますが、そこで水分補給をしているのでしょうか？　馬子さんは目を細めて「1年に1回はねぎらわないとな」と愛おしそうに撫でています。

その様子を見ていると、こちらまで和んで癒やされます。お気に入りの行きつけのバーでお酒を片手に「チャ〜グチャ〜グ」と口ずさみながら微笑んでいる圭一の姿が思い浮かびます。隣にいた私もとても幸せでした。

大切な人を想いながら、想い出の道を歩くと、「二人だったから楽しかったんだな」と。一人になった今では違った景色に見え一抹のさみしさを感じますが、それでも楽しかった日々を思い出し、大切な時間をくれた主人に感謝です。一生の宝物です。

大切な人を失ったあなたも思い出の小径を歩いてみませんか?

ぼくはポロです

ぼくの名前はポロ。6歳のミニダックス。ものごころがついたときには、ママと一緒で、パパは天国に行っていなかった。

でも、代わりにもう一人のママ、藤村ママが可愛がってくれるので、ちっともさみしくなかったよ。藤村ママは、本当のママの代わりに家事一切をしてくれてぼくの面倒もみてくれる、優しい人なんだ。ママもいつも感謝しているって言ってるよ。

ぼくは4代目で、前に3匹いたらしい。マリアンとラルフとメルセデスというんだって。3匹とも14歳で亡くなったらしい。

マリアンは、僕と違って大型犬で、グレートピレニーズ。50kgだったらしいので、ぼくの10倍の大きさだよね。最初はパパがおばあちゃんの名前「モヨ」とつけたんだけど、ママがそれではあんまりだと言って、その頃ホームステイで家に来ていたカナダの美人の女性「マリアン」と同じ名前をつけたらしい。

パパはラルフ ローレンやメルセデスベンツが好きだったので、お兄ちゃんたちは、ラルフとメルと名づけられた。

ぼくの「ポロ」も、パパが好きなアパレルブランドの『ポロ ラルフ ローレン』に由来しているんだって。

ママは仕事が忙しいので、朝と夜、休日しか一緒にいられない。でも、そのときはたくさん可愛がってくれるので、大好きなんだ。亡くなったパパは、ご仏壇の中にいるらしい。ろうそくをつけてお線香をたいて拝むママはとても悲しそうなので、ぼくは隣に行って手を伸ばすんだ。

ママは「いい子ネ。ぼくはポロです。いい子にしているよって、一緒に拝もうね」と言って、抱きかかえてくれる。

パパを本当に好きだったんだね。ぼくも会いたかったなー。地震で怖かったり、ママに怒られたりしたときは、ぼくは仏壇の前に一目散に隠れるんだ。なぜか、そこが一番安心できる。パパが守ってくれているのかな？　とても優しい人だったらしいからね。

ママがいないときは、藤村ママが一緒にいて、可愛がってくれるので大好きだよ。

お散歩だって1日2回も連れて行ってくれるし、予防接種やシャンプーにも連れて行ってくれる。

ママがお泊まりのときは、藤村さんのおうちに泊まるんだ。同じような仲間がいて、すぐ友達になったんだ。仲良くしているかママが心配していたけど、みんなに可愛がられて、行くのが楽しみなんだ。ぼくが一番はしゃいで走り回っているって、藤村さんから聞いたらしい。

また、きれいで優しいお姉さん、萌ちゃんがいて、つい、うれションをしたことも。だってぼくは男の子だし、きれいな女性は好きだから。ママは「うれション」をしたのを見たことがないのに、とがっかりしていたようだった。家でも藤村さん家でもマーキングをして怒られるけど、習性だからゴメンナサイ。

藤村ママは、いつも仏様にきれいなお花と、神様にお榊《さかき》を供えてくれる。ママが本当に感謝していたよ。

ママの散歩は1日1回だけど、1時間はたっぷりしてくれる。子供の頃は、ママの決めたコースを歩いていたけど、成犬になってからは、自分の好きな道を行くんだ。道草をして時間がかかると怒られたけど、ただ歩くより色々なものに興味が出てきて、立ち寄りたくなってしまう。ぼくの住まいは街の中心にあるので、散歩コースは周りの繁華街が中心。シティベアならぬシティドッグなのだ。

コンクリートに囲まれた道路が主だけど、植え込みの草木、お花を見ると、ついつい立ち止まって寄り道をしてしまう。少しはずれると、岩手山神社があって、春には桜、秋には紅葉がとてもきれいなんだ。石割桜にも行ったけど、昨年は外国人が多くて、「オー、キュート」と言って、頭を撫でてくれたんだ。きっと、可愛いという意味だよね。チョッと嬉しかった。


ママは優しいけど、怒るととても怖いんだ。今まで最高に怒られたのは、机の上の原稿をかじって、グチャグチャにしたとき。ものすごく怒られた。オニの形相で、とても怖かった。きっと大切な原稿だったんだと反省したけど、そのときはまだ子供だったし、何でもかじる癖があって、ゴメンナサイ。あとは食卓に上って、美味しそうな人間の食事をなめたとき（食べてはいない。食べる前に見つかってしまった）。

「何やってるの!!」

と、つまみだされて、しっかりお仕置きをされて怖かった。でも、仏壇や物かげにかくれてじっとしていると、またいつものように優しくしてくれるので、ホッとする。

ぼくは食事にムラがあるらしい。1日2食だが、決まった時間に食べないと、

「何で食べないの？　世の中には食べたくても食べられない犬だっているのに、ちゃんと感謝して食べなさい」

って、お説教されるんだ。でも食べたくないときだってあるんだから、ほっておいてほしい。食べたくなったら食べるから。藤村ママの3匹の友達は、いっせいに食べ

るらしいので、やっぱり仲間がいると美味しいのかな？

ママはテレビが大好きで、最近は韓国ドラマにハマっている。夜遅くまで観ていると、ぼくも付き合ってそばにいるけど、とても眠くなってウトウトしてくる。

夜中にやっと「寝るわよ」と言って、寝室に行くとき、思わずホッとしてため息をつくと、ママは笑って、「ポロはため息をするんだね」と友達に話して、笑いを誘ったらしい。

犬だってため息ぐらいするんだヨ。

休日の夜は、一人でさみしいときはドラマや映画を観ているらしい。だからぼくも隣で一緒に寝ながら観ているんだ。そして一緒に朝寝ぼうをする。

ぼくの得意技は、お手とおまわり、おまわり3回。おやつがもらえるからだけどね。

最近ママは、「ハイタッチ」を覚えさせようと、しつこく練習させるけど、ぼくは手が短いため、できないことにようやく気づいて、あきらめたようなんだ。

何でも、オオタニくんちのデコピンのハイタッチが可愛くて、そこからヒントを得たようで、とばっちりがきたようだ。ママのミーハーにも困ったもんだ!!


ママはさみしがりやなので、いつも「ポロ君ただいま!」と言って帰るとき、玄関前に行って、思い切り尻尾を振って迎えてあげるんだ。するとママは喜んで、ぼくを抱き上げて、ギュッと抱きしめてくれて、とっても幸せ!!

でも、散歩帰りでとっても眠いときは、横になったまま、尻尾だけを振ることもある。そんなときママは、呆れた顔で不満を言う。でも、気持ちだけはくみ取ってほしい。ゴメンナサイ。


夕食の前に決まってママは、2つのコップにビールを注ぎ、パパにお供えして、

「なかまで飲みましょう」

と言って、見えない圭一パパと、二人で飲んでいる。

「なかまでっていうのはネ、一緒に分けてという意味なのよ。圭一パパはそんなのはじめて知ったと言って笑っていたけど」だって。

じゃあ、ぼくも仲間に入れてよ〜と、目でうながし、そばに行ってトントンすると、ママは「そうね」と言っていつもおやつをくれるんだ。ヤッタネ!!


そんなときのママは、少しさみしそうで、時には涙を浮かべている。よほどパパが恋しいんだなと、ぼくまでしゅんとなる。

大丈夫、ぼくが守ってあげるから、元気を出してネ。


イタズラして、怖いときもあるけれど、優しくて涙もろい、そんなママが大好き！

自分へのご褒美は？

皆様は自分へのご褒美はどうしていますか？　不安や悩みを頭から消してできるだけ快適に過ごすためには自分へのご褒美、つまり、自分で自分を楽しませることが一番です。

以前夫が脳梗塞で倒れ、クリニックの閉鎖、入院治療、その後の長い長い介護生活で心身共に疲弊した私を奮い立たせたのは、自分へのご褒美でした。

友達と美味しいお食事をする、広い自然の中でゴルフをする、愛犬たちと戯れるなどとたわいもないことでしたが、将来を見通せない不安と恐怖から解放され、活気を取り戻す源となりました。

当時、そんな私を一部の人は「旦那が寝込んで、あんな状態なのによく遊んでいられるね」と言って非難ごうごうだったのも知っています。

でも、「自分が元気でなければ二人ともダメになってしまう」、そういう思いから非難をよそに自我を通してきました。夫もそんな私を理解してくれたようで、黙って静かに見守ってくれているようで、ありがたかったです。


私たち二人の幸せな将来のためにそうやって頑張ってきたのですが、残念ながら彼は約5年前に逝ってしまいました。一人になってからしばらくは、孤独との闘いでした。

さみしさと不安に悩まされました。「あの人はもういない。なのに、なぜ何を求めてこれから生きていくのか?」と辛い時間をがむしゃらに過ごしてきました。

夫婦二人でいたときのように、外出して人とワイワイ楽しむことも気乗りしなくなり、自然と一人で楽しむ時間が増えてきました。

その中で、これからの人生を充実して送るにはどうしたらいいか? と考えました。

答えは、自分自身を元気にすることです。そのためには、不安や悩みを頭から消してリセットする時間をつくることです。

そして、自分自身に活力を与えること。もう誰も褒めたりしてくれないので、自分自身で褒めてあげること。そのためのご褒美です。

以前、エッセイの中で「馬と人参」というのを書きました。

馬は、目の前に人参をぶらさげるとよく走るといいます。

私の人参は何でしょうと考えると、今はゴルフかテレビで韓国ドラマを観ることです。それがまずご褒美、さらに、美味しいものを少し食べることや、エステやエルメスのスカーフを買うこと、自分でも欲張りかな？　と思ってしまうくらいです。

でもそれらを念頭におくと元気が出て仕事がはかどります。広い山野に出て新鮮な空気を思いきり吸い込み白いボールを思いきりかっ飛ばせば（スコアは二の次）、嫌なことはすべて忘れてしまいます。この美しい自然の中で、今生きていることの幸せを感じ、誰にともなく感謝の気持ちでいっぱいになります。

次に美味しいもの、好きなものを少しだけ食べること。今はもう若かった頃ほど多くはいらないので、いわゆる腹八分目ぐらいでしょうか。うっかり夜たくさん飲食すると翌朝胃もたれになってしまいます。ダイエットのためにも寝る前の4時間は食べないようにしています（飲み物はＯＫだそうです）。

そして、好物は、「サザエ」です。サザエの壺焼きをつまみに冷えたビールをいただくときは至福の時間です。

サザエは磯の香りと、懐かしい父の匂いがします。父は、子供の頃そして成人してからもサザエの壺焼きを作ってくれました。日本海の荒波で育った新鮮なサザエに、お醤油と数滴のお酒をたらしたシンプルなお味は絶品で、どこの料亭のものより美味しいです。元気のない私を活性化させてくれます。

そして、そして極めつきは、テレビで韓国ドラマを観ること。お腹を抱えて笑ったり、情があって涙を流したり、シビアな場面に凍りついたり色々な要素が入っていて見飽きません。

とにかくあれこれ考えたり、頭を使うことを一切やめて頭を空っぽにすると瞬く間に時間は過ぎ、気がつくと嫌なことは忘れて、前向きな気持ちになってきます。

喜怒哀楽は、動物にはなく人間だけの特権で、特に笑いは脳を活性化して、免疫力をあげ、認知機能低下の予防にも繋がります。

夫もテレビのドラマや映画が好きで二人で笑い転げたのを思い出します。「笑う門には福来たる」にもあるように、いいことがたくさん訪れそうで幸せな気分になってきます。自分へのご褒美を用意して辛い日々を乗り越えましょう！

私のママさん

私の大好きだった母は１０１歳で他界し、昨年三回忌を迎えました。

私は母から、人生の生き方、終わり方を教わりました。

母は東京女子医学専門学校（現 東京女子医科大学）を卒業して、産婦人科医としてその生涯を地域医療に捧げました。秦（母の実家）の本家は代々医者の系統でありましたが、長男が体が弱かったため、スペアとして、分家の母が医師にさせられた、と言っていました。私の最も尊敬する、誰よりも華のある人でありました。


私の前には母の写真が２つあります。１つは現役時代の厳しい顔立ちで、ほかは90代以降、仕事を退いた後の優しい母の顔です。

母の亡き後、写真を探してみましたが、若い頃の母と一緒の写真はほとんどありませんでした。旅行はおろか、一緒に遊んだ記憶もありません。それほど仕事に打ち込んでいたと想像できます。当時は女性医師も少なく、田舎の開業医としてどれほどストレスが多く大変だったのか、今となっては想像できます。産婦人科領域だけではなく、時には自殺や事件の検死にも行ったことを覚えています。

唯一幸せで楽しかった思い出は、父が軽自動車を運転して、3人で往診に向かったときです。夜間の急患で医院には誰もいなくて、やむなく父が運転し、一人残せないと、私も同行することになったのです。雨の中、子供心に、3人で行く小旅行はとても嬉しく、楽しくもありました。今でも小雨が降る夜は、思い出して温かい気持ちになります。

子供の頃は反抗しましたが、成人になるにつれ、母の姿が誇らしく思えるようになりました。学生時代も、盛岡に嫁いだ後も、母とゆっくり話す機会はほとんどありませんでした。里帰りをするといつも父は、「もっといて。帰りたくなったらいつでも帰っておいで」と言えば、母は、「早く帰りなさい。圭一さんが待っているから。嫁ぎ先が第一」と厳しく言うのです。

こうも父と母の考え方が違うものなのか？　と思いました。というわけで母とゆっくり話せるようになったのは、晩年になってからでした。特に圭一が亡くなってからは、「隆枝がさみしがるから、私がしっかりしなくては」と、支えてくれました。

そんな母は、足を悪くしてベッド上の生活になっても、文句の一言すらなく、どこかさすってあげようかと言っても、「大丈夫、大丈夫」と笑っていました。

徐々に体力が衰えていくのがわかったとき、私は、今しか会える時間がないと感じ、

２週間に１回、盛岡から出雲へ飛びました。少しでも会いたいと思いつつ。

恵美子さん（義妹）から、

「今週末が危ないとお義母さんが言っておられます」

という伝言を聞いて、居ても立ってもいられず、仕事を休んで実家に帰りました。

母は弱々しく見えましたが、いつものようににこやかに、

「麻酔事故を起こさないように。交通事故を起こさないように」

と、娘の心配ばかり。

遺言と受け取り、今でも肝に銘じています。

自分で食事するのも大変なので、そばにいて手伝ってあげようとすると、

「一人でゆっくり食べるから、気が散るからむこうに行って」

と。物陰からそっと覗くと、最後はひと口、ふた口、ゆっくり噛みしめて食べてい

ました。見るのもかわいそうでしたが、どうしてあげることもできませんでした。言葉は少なくなったけれど、亡くなる直前まで意識は清明で、うなずいてくれました。最後まで気丈な母でした。

私は目の前で人の死に直面したことはありませんでした。初めて母の死に最期まで立ち会いましたが、呼吸は荒く苦しそうで、

「もう頑張らなくてもいいよ」

と心の中でつぶやいていました。

死は、そう簡単に訪れるものではないと感じました。医学的に、エンドルフィン（麻薬様物質）などが出て、苦しくはないはずといわれていますが、そばにいてとても苦しそうに見えました。それでも、

「私、分かる？」

と聞くと、手をギュッと握ってくれました。
壮絶な死と最期まで闘い続けた母は、今は安らかに眠ってくれていることでしょう。彼女の眼と手の力で、「しっかり人生を生きなさい」というメッセージを確かに受け取りました。

人は、101歳の往生は大往生、長生きでしたね、と言うけれど、私にとっては101歳でも200歳でも、大切な母。言いたいことはたくさんあったのに何も言えず、ただただそばにいることしかできなかった私は後で一人になったとき、さんざん泣きました。そして、感謝しました。最期の母の手のぬくもりは今でも残っています。

母が寝たきりになり耳も遠くなった頃、私は手紙を書きました。出雲に送ることができなかった手紙をここに紹介し、天国の母に贈りたいと思います。『前略おふくろ様』というドラマが以前ありましたが、私の場合、「ママさんこんにちは」にしました。

私のママさんへ　―贈る言葉―

２０２１年３月16日（火）　晴れ

ママさん、こんにちは。

今日の調子はどうですか？　退屈していませんか？　それとも訪問看護やテレビの歌番組で楽しんでいますか？　幼い頃は、貴女のことを「ママちゃん」と呼んでいましたネ。なぜ「ママちゃん」なのか、後で考えると本家の久里姉や美里さんたちが、おばちゃんのことを「ママ」と呼んでいて、一方、遊び友達は「母ちゃん」と呼んでいたのを交ぜて、「ママちゃん」になったような気がします。

誰に教わったわけではなく、自然に自分で決めて呼ぶうちにしっくりきたのでしょう。それ以来、成人になるまで「ママちゃん」と呼んでいました。さすがに結婚後は、ちゃん付けは恥ずかしく、「ママさん」になりました。

なので、これからのお手紙は、ママさんへ、という書き出しになります。「ママさん」という言葉は私にとって懐かしく、とても優しく、癒やされる響きを持っています。コロナの現状下、なかなか出雲にも行けなくてごめんなさい。恵美子さんのおかげで、テレビ電話でほぼ毎日顔を見せてもらっていますが、ママさんが、食後だったり、寝る前のお化粧だったりで、なかなかゆっくり話せません。……というより、ママさんは耳が遠くなったので、大声で話しても（そのつもりですが）通じなかったり、残念な思いです。でも高齢なので自然なことであり、仕方ないですよネ。貞おばあさんもそうでしたね。私もいつかそうなっていくのでしょう。

そこで考えたのが、毎日お手紙を書くことでした。その日にあったこと、過去にあったこと、最近感じたことなどをストレートに書いて、これからの人生を共にできたら、どんなによいかと思いました。ママさんのお誕生日は9月15日ですよね。毎日1

ページずつ書くと約6か月、180日分、180ページになります。それをまとめてプレゼントできればと思っています。ワープロで大きな文字で書くので、できれば自分で読んでほしいです。でも無理なら、恵美子さんに読んでもらってください。

いつか、亡き父が病で倒れたとき、しょんぼりしている私に、

「隆枝は小さいとき、いつでも自分やママさんが具合が悪いとき、ずっとそばにいて動かなかったんだ」

と言い、

「大丈夫だから」

と言ってくれたのを思い出します。できることなら、今もママさんのそばにずっといてあげたい気持ちでいっぱいです。でも今は子供ではありません。仕事があり、そういうわけにはいきませんが、いつもママさんのことを想っています。

今日は記念すべき一ページなので、少し長くなります。今日は3月16日、第2週の

火曜日なので、仙台医療センターの手術室で働いています。耳鼻科の麻酔が2例の予定でしたが1例が熱発で中止になり、午前中の1例になりました。午後から時間が空いたので、書いています。82歳の女性の患者さんは、左の顎下腺腫瘍《がくかせんしゅよう》摘出術でしたが、年の割に大変お元気で、無事に麻酔から覚め、

「もう終わったの？」

と喜んで帰室されました。80歳以上になると、通常は目覚めが悪く時間がかかるのですが、その方は若い人と同じぐらいに覚醒し、お礼まで言われました。本当によかったです。

今日は仙台のホテルメトロポリタンに泊まって、明日も働いて帰ります。ここでは後任の部長も何かと気遣ってくれ、さらに私が部長時代の教え子たちが、あれこれ手伝ってくれるので、お姫様麻酔をしています。

ハイ。ママさんにいつも注意されるように、「気をつけて、事故のないように麻酔

をします」
今日はこのへんで。また明日。

P.S.ポロは、藤村さん宅にお泊まりです。仲間が2~3匹いるので、犬の幼稚園、託犬所とでもいうのでしょうか。元気に動きまくっているようですが、翌日家に帰ると、気を使っていたのか疲れたのか、ぐったりしてよく寝ます。私は大変助かっています。

2021年3月17日(水)
ママさん、こんにちは。
今、乳がん摘出の麻酔が2件、終わりました。これから盛岡に帰ります。やはり麻酔を終えて帰途につくと、ホッとします。緊張しているのでしょうね。何年経っても麻酔をかけるのは怖いです。何しろ直接、人の命を預かるのですから。数か月の研修で来て、麻酔は簡単だと思う、と挨拶をしていく研修医は恐ろしいです。麻酔科医には絶対なってほしくない医師といえるでしょう。経験を積めば積むほど、「麻酔をかけることは怖いこと、慎重に、細心の注意を払って……」と心して向かう人が本物の麻酔科医といえるでしょう。

16：45の新幹線に乗って盛岡に帰ります。今日の仙台は晴天で風が強いです。春の嵐とでもいうのでしょうか。テレビのニュースによると、花粉と黄砂が交ざって、かなり刺激的で要注意とのことでした。鳥取でひどいというので、島根県でもかなり影響があるのでは？　洗濯物を外に干すと、真っ黄色になっちゃいますね。でもママさんは室内だから安心ですよネ。

私も以前はひどい花粉症だったのですが、「アスタリール」[7]というサプリを飲んで、今はよほどたくさん花粉が飛んでこない限り症状はなくなりました。体質が改善したようです。

新幹線「はやて」は、最速で仙台から盛岡に直行するため45分で着きます。過日の地震で先日まで徐行運転でしたが、今は元に戻りました。復旧までは高速バスを使いましたが、何と片道3時間30分もかかり、つくづく新幹線のありがたさが身に沁みました。

盛岡駅から駐車場のベンツに乗って帰ると18：00です。ドアを開けるとポロが尻尾を振ってお出迎え……とはいかず、玄関先に自分のお気に入りのフリースを置き、スヤスヤと眠っています。「ただいま、ポロ」と言っても「何だよ、寝てるのに」とでも言いたそうな顔で、けだるそうに、やおら起きてくる始末。おおかた藤村さんの家で大暴れで遊んできて疲れたんでしょう。よかったネ。

でも、誰かが待っている家に帰るのはいいものですね。

「ただいま」「行ってきます」と言える相手がいるというのは幸せなことです。
では今日はここまで、また明日！

隆枝

2021年3月22日（月）曇りのち雨、みぞれ
ママさん、こんにちは。
今日は天気予報では晴れだったのに、外に出るとなんと小雨と風、慌てて傘をさしました。最近はあまり天気予報もあてにならないです。昔、ふざけて食中毒にならないように「天気予報、天気予報!!」と叫んだのを思い出します。「あたらないように」という意味です。雨が降るといつも思い出します。

たぶん小学校の低学年の頃だと思いますが、ママさんが急患で呼ばれて往診をするときに、お父さんが買ったばかりの軽自動車（?）を運転して送っていました。その

ときは夜中で、私も一緒に乗っていったのです。当時は自動車がまだ珍しかったので、私はとても嬉しかったのを覚えています。しかも3人一緒でしたから、今思い出しても、何か笑顔になり、幸せな気分になります。そういえば、ママさんとどこかに行った記憶はあまりないですね。数か月に1回の医師会のときは連れていってもらい、終わるまで待っていました。それも楽しかったです。どこにも遊びに行けないぐらい働いていたのですね。そのおかげで、私も医師になることができ、今があります。本当に感謝です。心より、ありがとう。

隆枝

2021年3月23日（火）

ママさん、こんばんは。

今日は、仙台の脳神経疾患専門の病院「広南病院」で、脳動脈瘤のカテーテル治療の麻酔を2例しました。医学は進んで、脳動脈瘤の治療も手術をせずカテーテル治療が行われるようになりました。カテーテルを通して風船のように膨らんだ動脈瘤の中に、プラチナのコイルを詰めて、血液が行かないようにします。

瘤の大きさによってプラチナコイルを10本以上、多いときは100本近く詰めることもあります。プラチナは高価なため1本15万〜20万円はするとのこと。こうなると、本当に命はお金で買える時代になったのですね。この治療は侵襲《しんしゅう》が少ないため、高齢者や合併症のある人、手術では手の届かない場所に瘤がある場合でもできるので、全国的に行われるようになりました。

広南病院にはその道のプロがいて、まるで魔術師のように器用にカテーテルを挿入し、コイル塞栓《そくせん》を作ります。すごい技術です。レントゲン下に透視をしながら行うため、一日中放射線を浴びるのでいくらプロテクターを着けていても、はたから見ても心配になってしまいます。でも彼らは生きがいを感じて専門医になったのでしょうから、生き生きと治療をこなしています。頭が下がります。

脳血管の映像はまるでハワイのバニヤンツリーのように左右対称で、緻密で美しいです。どちらかが壊れたり欠けたりしても、機能は完全でなくなるのです。どんなロボットもかなわない、人間の脳はすごいです。自分は無能だからと自殺に走る若者たちに見せてあげたい。生きているだけで、どんなに価値があり、その能力は無限であるかと。

今日は疲れたので、ホテルの地下のレストラン街でお蕎麦を食べて休みます。「丸松」というお蕎麦屋さんで、こしがあって、とても美味しいのです。仙台もコロナが再び蔓延しているので、繁華街や居酒屋は遠慮して、いつもホテルかその近辺で食事をしています。心配しないでね。気をつけていますから。

では、おやすみなさい。

隆枝

第3章

「孤立」を避け、
「孤独」は楽しもう

一人になったら、「楽独」をしましょう！

夫の圭一が亡くなった後、一人での生活が長くなりました。

２０２４年11月に主人の七回忌を迎えるので、約６年間一人で暮らしていたことになります。主人とはもう会えないという辛くて切ない事実を除けば、気ままな一人暮らしも悪くないと思うようになりました。

仕事以外の時間は自由に使えます。好きな時間に起きて、好きな物を食べて、好きな韓ドラを観て等々、誰にも束縛されず気ままに過ごすことができます。

お一人様の利点は、とにかくマイペースで過ごせることです。時間も、場所も、することも、すべて自分勝手に決められるし、急な予定変更をしても誰にも迷惑はかかりません。他人に気を使わず好きなことに没頭できること、慌ただしい毎日の中で、何もせずにゆったりと一人で一日を過ごすことも自分への労いになります。

書き物をしたり、時には自分と向き合う時間も必要です。好きなときに友達や気の合う人とゴルフに行ったり、飲食を共にしたり、ボランティア活動をしたりするのも自由で、楽しいことが分かりました。

もちろん、夫に「こうしてあげたかった」とか「ああすればよかった」とか後悔の連続で胸が痛く、さみしい夜を過ごすこともあります。皆さんの中にも、長く連れ添った配偶者に先立たれたりして、喪失感を抱えてしまう人は少なくないでしょう。

私も、圭一に会いたいときがあります。そんなときは、目を閉じて心の中で楽しかったことを思い出し、「ありがとう」と言うのです。

彼の「俺たち、いい夫婦だったよな」という言葉を思い出し、救われたような気分になります。今では、その言葉を感謝して受け入れ、もう後悔や悲しい思いをするのはやめることにしました。

誰かに「さみしいでしょうからパートナーでも見つけたら」と言われましたが、とんでもない、今この状態がハッピーでベストなので、ほかに何も要りません。

現に私には何でも話せる親友や、知人、仕事仲間、親戚などがいて、とても幸せなのです。家には愛犬ポロもいて、言葉は話せないけれど、尻尾や体全体で感情を露わにして喜びや悲しみを共有してくれる家族なのです。

愛犬ポロは、玄関先で尻尾を思い切り振って出迎えてくれる、それだけで、疲れも吹っ飛び癒やされる私です。

私のように誰にも干渉されない一人暮らしを謳歌している人はたくさんいます。一人の時間を大切にして、孤独を楽しむことを「楽独」と言います。

と言ってもこれは筆者が友人たちと話をしているときに相応しい言葉としてにわかに作った言葉なので皆様には馴染みがないかもしれません。

孤独という言葉は、いかにもネガティブな響きでそぐわないというのがみんなの意見でした。誰にも干渉されない老後の一人暮らしを謳歌《おうか》している人もたくさんいます。

孤独というのは人によっては価値のあるものなのです。

そうであれば、孤独を楽しむ、すなわち楽独と考えて気持ちを新たに、楽しい時間を過ごすのはいかがでしょうか？

孤独を楽しむために、60歳を過ぎてから「お互いに気を使うくらいなら」と離婚した人の話も聞きます。確かに、人間関係は時に大きなストレスの原因になります。

一人の時間が必要な人たちが増えているのでしょう。最近お一人様という言葉をよく耳にします。「精神的に自立しており、一人で行動できる人」「未婚または配偶者との別離により、一人で生活している人」など、さまざまな意味で用いられています。

以前は、一人でいると、「友達のいない人みたいに見られそう」だったのに世の中の流れは変わり、一人で外食したり、旅行に行ったり、今やお一人様で行動することはもう珍しくなくなってきました。私の友人も忙しい仕事の合間を縫って一人旅や一人キャンプをしています。

孤独は楽しむが、孤立は避ける

ただし、注意しなければならないことがあります。楽独は、一人の時間を大切にしながらも、決して孤立はしていないのです。

孤立の意味を紐解くと、「他から離れて一つだけ立っていること。また、仲間がいなく一人ぼっちなこと。他の助けがなくただ一人でいること」などと出てきます。

さらに孤立無援とは「集団の中で他から離れて一人ぼっちになっていて、誰からも助けを受けられないこと」や「近くに仲間がいなくて、誰からも援助を受けられないさま」を意味しています。

そう考えると、「孤立」は日常生活において支障が出る可能性が高く重大な問題となります。

さらに、孤立無援の状態になると「一人きりで助けがない」状態になるので、特に高齢者の場合、孤独死に繋がり深刻な事態になります。

楽独と孤立は違うということです。楽独を謳歌する人は、趣味での知り合いや友人がいて、決して孤立はしていないのです。

「孤立」の場合は、人との繋がりを断ち、人間関係から距離を置いている状態で、「楽独」の場合は、距離を置いているわけではありません。従って、身近な友人・知人がいてこそ楽独を謳歌することができるのです。

お一人様には「人に頼りたくない」「迷惑をかけたくない」と言う方が多いのですが、できないことは人にやってもらって当然ではないでしょうか。

ただし、自分ができることを積極的に人にも提供する、それが世間との繋がりであり、孤立から逃れる一歩となります。

ひっそりと胸に抱えた思いを誰かに聞いてほしいとき、一緒に食事をしたり励ましたりしてくれる友人がいればこそ、孤独を楽しむことができるのです。特に高齢のお一人様には、いま周りにいる友人・知人と関係が途切れないようにすることをお勧めします。

特に年代の近い友人や知人は貴重な存在です。結局、なんでも話せて信頼できる人は、同年代の友人や、付き合いの長い知人だったりするものです。子供は、世代も違えば価値観も異なるので、意外と理解し合えないことがあります。

そういえば、今は亡き義母が一人暮らしになったときに、さみしいだろうと思い、嫁として、「さみしいでしょうから、一緒に住みませんか?」と言うと、「まだ、一人で大丈夫。遊びに来る知人や友人があなたたちの友人とは年代が違うし、一人のほうが気楽だから」と返事があったのも今だから分かるような気がします。

新しい人間関係を築くのが億劫な場合、近い友人、知人を大切にするのが得策です。新たな人間関係を築くのが苦手な人は、趣味のサークルやボランティア活動をするのも一つの方法です。10年間盛岡を留守にしていた私は、仙台から戻ると親友の勧めで国際ゾンタ盛岡ゾンタクラブに入会しました。最初は、少し入って、様子を見て嫌ならすぐにやめればいいと軽い気持ちで入りました。

それが現在まで長きに続いているのは、目的はともかく、雰囲気がすごくよかったからです。みんなと一緒にいて、居心地がいいとでもいいましょうか、気楽で楽しい時間となりました。今では、少し慣れて色々経験することで興味が湧き、どっぷりと浸かっています。人は誰しも一人でいたいときはあります。家族や愛する人を失って、やむを得ず一人になってしまった人も、家族に囲まれている人でもです。

私の家族は、今は愛犬だけですが、それでも仕事のためホテルで一人になるとホッとします。散歩をしたり、餌をやったり、おしっこやウンチの世話をしなくてすむ自分だけの時間をもてるからです。でも帰れば愛犬が待っていてくれる、それも楽しいお一人様です。さみしいお一人様ではなく世間と繋がり、親しい仲間といつでも会える、楽独な人生を始めてみませんか。

さみしい大人には、ボランティアがお勧め

若い頃は、自分の老後の生活を考えることはほとんどなく、そのときに直面する仕事や家庭の問題に取り組むことで精いっぱいだった気がします。

最近、老後の生活資金2000万円問題も話題になりましたが、経済的な面だけでなく実際の生活の場について考えることも大切だと思います。以前、家庭は大家族により形成され、その中に色々な世代の人がいました。

互いに助け合って一生を終えることができたわけです。現代では核家族化し、個人情報保護法のもと近隣の人の詳細も把握が困難です。夫婦二人で助け合えているときはまだいいのですが一人になったらどうしようと悩み、このまま一人で頑張るか子供

の家に移り住み同居するか迷うことになるでしょう。

ですが、最近は子供の生活を尊重し一人で頑張る人が多いようです。また、子供は、世代も違えば価値観も異なるので、意外と理解し合えないことがあります。

私たちには子供はなく夫と二人の生活でしたので、お子さんを持つ知人に「私は一人だけどあなたは息子さんやお孫さんがいていいわね。さみしくなんかないでしょ?」と言ったことがあります。

すると、その知人は「とんでもない、息子夫婦の家に行くと孫もいて可愛いけど遠慮して早々と帰ってくるの」「いないよりさみしいものよ」と意外な返事でした。

65歳以降の20~30年間を充実した人生にするにはどうしたらいいか悩むところです。長く連れ添った配偶者に先立たれたりして、喪失感を抱えてしまう人も少なくないでしょう。

私の場合、夫と二人の生活でしたが夫に先立たれ一人ぼっちの生活になってしまいました。最初は悲しみ、戸惑い、恐怖、孤独感にさいなまれました。それでも「これではいけない。何とか生きなければ!」「こんな元気のない私を見て圭一さんはきっと悲しむだろう。そんな姿を見せてはいけない」と自分を鼓舞し、どうしたらいいか懸命に考えました。

孤独には耐えられるけど、孤立は絶対に避けたいと思いました。

考えてみると孤独は案外いいものです。好きな時間に好きなことができるからです。すなわち生活のすべてが自分の思い通りになる幸せを味わうことができるのです。

私は今、孤独を楽しんでいますが、友人たちとの関わりが何より大切だと思っています。仕事仲間はもちろん、ゴルフ仲間やボランティア仲間もたくさんいます。一人の時間を大切にしながらも、決して孤立はしていないのです。

フランスの作家バルザックは『孤独はいいものだ』ということを我々は認めざるを得ない。しかし、孤独はいいものだと話し合える相手がいることも、一つの喜びだ」と書いています。

外との繋がり、すなわち孤立をしないためにお勧めなのが、ボランティアなどの社会奉仕活動に参加することです。社会奉仕活動は、常に人手を欲しがっていますから誰でも歓迎されますし、社会の役に立っているという感覚が自他ともに得られやすく、困っている人を助けて自分も幸せになるのであれば一石二鳥です。

私のボランティア活動：国際ゾンタに入会

ボランティアなどの社会奉仕活動がお勧めと前述しましたが、実は私も、そもそもボランティア活動に最も縁がなかった人でした。

主人が他界し生活の基盤が盛岡に移ったときに、悲嘆にくれる私に、親友が「国際ゾンタ」に誘ってくれたのです。

国際ゾンタは1919年にアメリカで誕生、現在世界62か国に1103のクラブがあり約2万6000人の会員がいます。ゾンタとはアメリカ先住民、スー族の言葉で「誠実・信頼」を意味します。その主たる目的は「女性と少女のためのより良い世界を築く」ことです。日本は26地区に分類され、さらにエリア1〜4に分かれています(エリア1：東北北海道、エリア2：関東甲信越、エリア3：関西、エリア4：中国・四国・九州)。

私はエリア1盛岡ゾンタクラブに入会しました。盛岡ゾンタクラブは19名と比較的少人数でまとまりやすく、機動力が高いのが特徴です。

入会した目的は仕事である医療以外の社会との繋がりを持つこと、色々な職種の人と交流し見識を広めること、そしてなにより楽しい仲間と友達になり、わいわいがやがや楽しい時間を過ごし、そのおこぼれを何かに役立つ寄付に回すことでした。
寄付を含め目に見える活動なので、活動を続けるうちに、さらにやる気が湧いてくるようになりました。

盛岡ゾンタクラブの年間の主なイベントとしては、外国人による日本語スピーチコンテストや女性のためのローズデイ、チャリティー落語会、年末のチャリティークリスマス会などがあり、その売り上げはゾンタ基金としてフードセンターなど、数か所に寄付されます。

外国人による日本語スピーチコンテストでは、アメリカ、ヨーロッパ、アジアなど十数か国からの応募があり、国際色豊かな催し物となります。
岩手県に来ている学生がほとんどですが、みんな朝早くから新聞配達や他のアルバイトをしている努力家が多く、些少ながら賞金やプレゼントを素直に喜んでくれるところが何とも嬉しいです。

日本語もさることながら、発表の内容の質が高く将来が楽しみで明るい気分になります。また、普段私たちが気がつかない日本の良さも改めて認識し、勉強になります。

国際ゾンタに入ることで、新しいことを知る機会もたくさんありました。

あるとき、国際ゾンタ本部から「エレベータースピーチピッチコンテスト」への応募依頼があり、当時地区広報委員長だった私が担当することになりました。「エレベータースピーチピッチって何ですか？」と質問すると「エレベーターに乗っている間にゾンタの要旨と魅力を宣伝する」という答えが返ってきました。

エレベーターに乗っている時間は階数によって違うと思いますが、要は短時間で自分の言いたいことを的確に表現して相手の理解を得るということで、多方面でも大変勉強になりました。その後も色々な場面で役立っています。

国際ゾンタを通して見える世界の問題

近年、子供の貧困、いじめ問題やDV、学校不適応、精神的な健康問題など、学校生活において困難を抱える児童・生徒が増加しています。十分な食事ができない子供たちにはフードセンター、不登校の子供たちには、フリースクールの存在が注目を集めています。子供たちの幸せを願うゾンタクラブはそれらを応援しています。

フリースクールとは、伝統的な学校教育の枠にとらわれず、子供たちが自分のペースで学び、自分自身の興味や関心に基づいて成長することを重視する教育機関です。一般的な学校のカリキュラムや時間割に縛られず、子供たちが自分の学びを主体的に進めることができる環境を提供します。先日それに関する講演で実際にその様子を映像で見て軽い感動を覚えました。不登校や色々な問題を抱えている子供たちが明るく楽しそうな笑顔で勉強したり、作業を行っていたからです。居心地のいい場所が子供たちにとってどんなに大切かと改めて感じました。

諸事情で子供を育てられない親のために里親制度があります。先日のテレビのニュースによると、里親として登録している家庭のうち、約7割が7歳以上の子供を受け入れることができていないと問題視されていました。それを見て、十数年前にベルギーに留学したときのことを思い出しました。それは、当時指導を受けたリエージュ大学のラーミー教授が二人のお子さんがいるにもかかわらず、東南アジアから養女を引き取り自分の子供たちと同じように慈しみ育てている姿でした。

「二人もお子さんがいるのになぜ養女を？　顔形や皮膚の色も違うのに周囲からいじめとかはないいんですか？」と聞くと、「ベルギーでは当たり前のことなんだよ。子供をある程度育て上げたとき、両親はホッとすると同時に一抹のさみしさを感じるもの。だからまた誰かを育てたいと思うし、一方、東南アジアなどには両親が貧しくて育てられない赤ちゃんがいる。そういう子を引き取って教育することは、やりがいのあることなんだ」

この国では、この家族のように自分の子供がありながら、養女や養子をもらって育てている家庭は珍しくありませんでした。特に医師や裕福な家庭ではよく見られることでした。多様化が進む中、日本でもこういういい風潮が生まれればいいなと心から思いました。少子化対策はもちろんですが、今の子供たちを大切に育て上げることは子供たちだけの幸せに留まらず、明るい未来のために必要だと思います。

個人的なアイデアですが、高齢者施設と保育園や幼稚園合体の公共施設をもっとつくってはどうかと考えています。すでにそういった施設もあるようですが、数はまだまだ少ないようです。そうすることによって、高齢者は若返りのきっかけとなって元気になり、子供たちは親に代わって優しい人間らしいぬくもりを感じることができ、両者にとって、ウィン・ウインの関係で、明るい未来のために必要だと思いますが。独り言でした。

一方、日本での平和で安全な私たちの生活に比べ、世界では気候変動による大災害や紛争、戦争が行われ、まるで映画やドラマで見るような悲惨で恐ろしい場面が連日テレビで放映されています。中でも、とりわけ被害を被るのは、弱い立場の女性や子供たちで心が痛みます。彼らは終わりの見えない戦争や差別、貧困に苦しんでいます。貧困を避けるための児童婚は大問題で対策が取られていますが、複雑で解決策が見えません。

戦争が13年以上続いてきたシリアや、軍事侵攻を受けたウクライナでは国内外で多くの人が避難生活を送っています。果たしてそれは、海の向こうの自分たちとは遠い問題なのでしょうか？

フォトジャーナリスト、安田菜津紀氏は現地での写真を通して「紛争地、被災地に生きる人々の声」を伝えています。「世界と自分はどこかで必ず繋がっていて分かち合い、支え合うことができ、無関心が関心に変わるとき、私たちは豊かな未来を共に生きる一歩を踏み出しているのだ」と訴えています。決して対岸の火事ではなく、いつでもどこでも起こりうる出来事として誰もが考え、自分の役割を見つけることが必要だと思います。一人一人は非力でも勇気を出して力を合わせれば何かをできると信じます。

さみしい大人の皆様、ゾンタクラブに入りませんか？

「叩けよ、さらば開かれん」です。

私の原動力

75歳を機に仙台医療センターを辞め盛岡に定着し、麻酔科医と内科医の二刀流で介護施設の施設長として、頑張っています。

先日、ある方に「先生のアクティブさにはいつも圧倒されています。人間関係の広さはとても勉強になり見習わせていただきます」と言われました。私自身はそんなこと考えたこともないですが、外から見るとそんなふうに見えるのかな？　と改めてその原動力について考えてみました。

それは、夫の圭一を失った悲しさ、さみしさだと思います。この、やりばのない悲しみ・さみしさをどうにかしたい、乗り越えたいという気持ちが何かをするためのエネルギーになり、行動に繋がっているのだと思います。

「ピンチをチャンスに変える」という言葉がありますが、私の場合、悲しさ、さみしさを勇気に変えているのです。

その思いが強いほど頑張って何かをしないと、と私を駆り立てるのです。「泣くのは嫌だ！　笑っちゃえ！」の精神です。そう思うと今でも圭一さんは私を支えてくれているのですね。感謝です。


病に倒れて片麻痺になり、言葉もままならない中で、「俺たち、いい夫婦だったよな」と言ってくれた言葉が心の支えです。

「はい」としか言えなかった私は今でも後悔していますが、決していい妻でなかったにもかかわらずそう言ってくれたあなたに万感の想いが過《よぎ》り、言葉にならなかったのです。あなたの写真を前にしてそう語りかける私です。

70代で東京都知事選に出る人も、80～90代でアメリカの大統領選挙にチャレンジしている人もいます。

『人生は80歳からがおもしろい』というエッセイを書いた人もいました。いずれもアッパレでステキです。そういう華のある人に私もなりたいと思っています。

大切な人を亡くして一人ぼっちになったあなたも、家に閉じこもらないで悲しみを勇気に変えて未来に向かってチャレンジしてみませんか？

ミッドライフ・クライシスにご用心！

人生の分岐点である40～50歳前後から起こる、心の危機的状況のことを「ミッドライフ・クライシス（中年の危機）」と言い、最近、日本でも話題になるようになりました。

この年代には子育てや親の介護、離婚、死別、金銭問題など、さまざまな問題が増えることが背景にあるようです。

要因として、加齢による身体的変化、家族ライフサイクルの変化、職場での変化などが挙げられます。

例えば、中年期には体力・運動能力の低下に加え、生活習慣病の罹患《りかん》、老年期の親の介護や死別、残された親を引き取るなど、家族構成の再編成を迫られます。

また職場では、新技術の導入、年功序列制の揺らぎといった職場環境の急激な変化や、出世や能力の限界が見える挫折体験など、さまざまな問題が起こってきます。

中年期にはこれらの問題が一気に増え始め、人生前半期では上り調子であったものが、中年期には下り坂となり、葛藤の末、うつ状態になるといわれています。

加えて、男女ともにホルモンバランスが変化することで、体調が悪くなったり、精神的に不安定になったりするため、中年の危機が起こりやすくなるといわれています。

このミッドライフ・クライシスは性別を問わず男女に訪れるとされていますが、特に女性は影響を感じやすいようです。

なぜなら、女性ホルモンは40代から急激に減少するといわれており、閉経、更年期障害など心身の不調が起きやすい時期です。そのため、このクライシスが起きていることを実感する方が多くいるとされています。

体調面の不調では、のぼせ、冷え、疲れやすさ、焦り、不安、怒り、憂うつなどの更年期障害の症状が出やすくなります。

また、肌にも影響が出ます。肌の張りや透明感が減り、筋力が低下し、しわやたるみが出てきます。更年期というと女性をイメージするかもしれませんが、男性にも更年期があり、ミッドライフ・クライシスは、男性の更年期と重なります。男性と女性の更年期の違いは、男性の場合、顕著な体調変化を伴わないことが多いようです。食欲の減退や強度な倦怠感など、心身の変化を強く自覚する場合は、更年期の可能性も想定しておきましょう。

介護施設で勤務していると、お会いする入所者のご家族や、亡くなられた方のご家族の多くがこの年代に相当するため、心労は二重三重に重なり、今後どうされるのか気になるところです。しかし、どうしてこの危機を乗り越えたらいいのでしょうか？誰も助けることはできません。自分自身で解決するしか方法がないのです。そこで、ミッドライフ・クライシスを乗り切っていく一般的な対処法を考えてみます。

まず、先に進んでいくためには、これまでの自分を振り返り、周囲の評価や価値観はいったん置いておき、「今後どう生きていきたいか」「自分はどうありたいか」と自分を中心に考えていくことが、ミッドライフ・クライシスを乗り越える鍵になるでしょう。

次に新しいことをしてみることも一つの方法です。例えば、習い事をしたり、勉強して資格取得にチャレンジするといったことなど、これまで「やりたい！」と思っても時間がなくてできなかったことに着手してみるのもいいと思います。

新しいことに挑戦することで、新たな自分の可能性が見え、それが自信に繋がることもあります。また、「これ！」というものでなくても、今までの日常に新たな何かを加えてみるだけでも新鮮さが生まれ、新たな希望が生まれそうです。

また、大きい決断には慎重になることです。転職や引っ越し、離婚など、人生に大きく関わることについては逆に慎重になったほうがいいと思います。なぜなら、心が揺れている時期の大きな決断は、意外とうまくいかないことが多いから。不安や焦りの気持ちから、大きな決断をしたくなるものですが、周囲の信頼できる人に相談をしたり、どうしたいか自分に問いかけながらゆっくりと決めていっても遅くはないと思います。

最後に、体を動かして発散することをお勧めします。今後の自分の人生のことになると、頭の中がネガティブな思考でぐるぐるする、あるいは心の中がモヤモヤすることも多いと思います。しかし、考え続けてもすぐに答えが出ないことも多いです。

いったん考えるのをやめ、気分転換に体を動かして発散していくのもいいでしょう。私の場合、そういうときには、「後で考えよう」としばしすべてを忘れゴルフに行ったり、韓国ドラマを観たりして気分転換を図っています。大自然に触れることで気持ちをリセットし、新たな出発点が見出せます。

今は人生80年以上が当たり前の時代です。「もう40代、50代か」ではなく、「まだ40

代、50代」と考えると、これからです。また、ミッドライフ・クライシスは誰にでも起こりうる人生の通過点。

趣味やボランティアなどのコミュニティと繋がりを持つことが孤独感を弱めたり、辛いかもしれないけれど、自分自身と向き合うことがその後の自分の人生を豊かにしてくれることにも繋がっていきます。残された私たちが明るく幸せに生きることこそが、故人への冥福に繋がることと信じます。

なかまでビールを飲みましょう

一日の終わりに「なかまでビールを飲みましょう」と言って2つのコップにビールをつぎ、ご仏壇にお供えして一緒に飲むのが日課です。

こうして飲むと、圭一とビールを飲みながら、こんなやり取りをしたことを思い出します。

私が「なかまでビールを飲みましょう」と乾杯すると、圭一は「何だ！　その、なかまというのは？」と鼻をピクピクさせ、クックと笑いながら「やめろよ！」と言うのです。「なんで？　そんなにおかしい？　出雲では分け合って飲んだり食べたりするときにそう言うのよ」

そうやって言い合いながらも、美味しそうに一気に飲み干す圭一の姿が昨日のように思い出されます。

「あちらでは、元気にしていますか？　もう慣れましたか？　私は元気にしているので安心してください」そう思いながら、今でも圭一と二人で飲んでいます。

「今年の４月で75歳になりました」と言うと、いくつになっても誕生日おめでとう！

と言ってくれる声が聞こえそうです。

いつか、「今までで一番嬉しかったのはいつですか?」という番組があり、90歳の美容師さんが、「美容師の免許を取ったときです」と答えました。

「仕事一筋、素晴らしいですね!」と視聴者が絶賛する声が聞こえてきそうです。

印象深い番組だったので、友人たちと食事をしたときに同じ質問をしてみました。

一人は「そのとき、そのときでまあまあ幸せだった」。

ほかの人は「今が一番幸せ」と何とも曖昧な答えです。

私は文句なしに即答です!「圭一と出会って恋に落ちて結婚したあのとき」です。

生まれ変わったとしても同じように彼を愛したい。

ビールを飲むと、こんなふうに愛しい思い出があふれてきます。そして、あらためて圭一と出会って本当によかったと思う私でした。

仲間が集まる、3つの「G」

仲間といえば、ある会合で誰かが「なぜ川村さんの周りにはいつも人が集まって協力するの?」と、いかにも不思議そうに言いました。

隣にいた親友は「色々やってくれるから……」

Ｇｉｖｅ＆Ｔａｋｅ（ギブ＆テイク）の精神でしょうか?

私はギブ＆テイクという考えは特になく、ただいつも心がけていることがあります。

それは、「友達や知人を大事にすること」です。私は一人っ子でさみしがり屋でしたので、友達を大切にしました。中には裏切られることもありましたが、亡き父は、「裏切るよりも裏切られるほうがいい」

「人脈はお金よりも大事。大切な人には借金してでも歓待するように」が口癖でした。

また、ベルギー留学の際は、師事していたラーミー教授から3Gを教わりました。Good friend（よい友達）、Good relation（よい関係）、Good connection（よい繋がり）です。今でもそのことは大切に守っています。おかげで、友人や多くの人たちと交流を持つことができました。

いい靴は人を素敵なところに連れていく

「いい靴は人を素敵なところに連れていく」

何かのきっかけでこの言葉を聞いたとき、すぐに思い当たるのが圭一の靴へのこだわりでした。

彼は靴だけではなく、時計、洋服、帽子など、すべてにこだわりのある人でしたが、とりわけ靴へのこだわりが強かったのです。

極めつけは、スニーカーの半分を浮き彫りにした絵画を書斎の机の上にかざっていたことです。今にもそれをはいて歩き出したくなるような心地よさをかもし出す光景でした。


そして、そんな靴好きな彼にプレゼントしてもらった靴で出かけると、本当に素敵なところに連れていってくれたのです。

それまで知らなかった人たちと共通の話題で楽しい時間を過ごすことができました。遠くアメリカ、ロサンゼルスでさえも。

ナイキのカラフルなスニーカーもお気に入りです。
最初は派手好きの私でさえ躊躇《ちゅうちょ》するほど、赤青黄色とビビッドな色であしらわれたスニーカーを見て「えっ、これ履くの？」と思わず聞いてしまいましたが、履き心地は抜群で、お気に入りになりました。今でも散歩やゴルフに行くときなどには履いています。かれこれ20年以上になるでしょうか。

その頃、圭一は海釣りに凝っていて、もちろんその靴で同行しました。
多くは三陸海岸の宮古や田老《たろう》に愛犬マリアンと3人（2人と1匹）で毎週末に行きました。圭一は宮古の魚屋さんでまぐろのお刺し身（ぶつ切り）と醤油を買って釣りの合間に小高い丘に行き、「食え」と言って私の前に出してくれました。

お寿司屋さんでしか食べたことのなかった私はギザギザで粗削りのお刺し身を見て、あまり気が進まずためらっていると、「漁師がとってきたばかりの魚は旨いんだ」と言って美味しそうに食べるのです。それを見て恐る恐る口に入れるとなんとまあ、これが美味しいのなんの！　今までで一番美味しかった思い出です。

魚は見た目ではなく、新鮮さが一番と思い知りました。と同時に、初夏の心地よい涼風の吹く森の中で真っ青で無限に広がる海を前に、愛する人と愛犬と幸せいっぱいの自分に感謝をしたものでした。

海外旅行にもこの靴で行きました。ハワイやアメリカ、ヨーロッパ、北欧、等々。学会での発表のときはもちろんスーツですが、それ以外は、履き心地のいいお気に入りのスニーカー。行く先々で外人さんたちから「素敵な靴ですね。どこで買ったの？」と聞かれ、それをきっかけに会話が弾み楽しい想い出がたくさんできました。

靴を通して、愛と幸せをもらった

彼と付き合いだした当時（東京女子医大、産婦人科学教室に勤務中）、日本橋の高島屋でグッチの靴を買ってくれました。田舎者の私は後でそれがどんなに高価なものだったのか先輩から聞き驚きました。

「川村君、1か月分くらいのお給料をはたいたわね」「すごい！　それだけ愛されているのね」など冷やかされましたが、彼の思いが伝わりとても嬉しく思ったものです。

当時、彼はまだ若くお給料は少なかったので、その話を聞いて恐縮してしまい、普段の通勤用にはもったいないと思い、お食事会や特別におしゃれをするときに大切に履いていましたが、結婚後何かのときに「あの靴はどうしたんだ？　ちっとも履いているのを見ないけど、まさかなくしてないよな？」と言われてしまい、「とんでもない！

大事にしているので、めったに履かないの」と言うと「馬鹿だな。靴は履くためにあるんだ」と懐疑的な顔。

確かにその頃はよく色々な物をなくしていたのでごもっともな疑問でした。大丈夫！　記念すべきその靴は今でも大切に保管しています。

東京在住のときには圭一とはたくさんデートをしました。日本橋の三越、アメ横商店街などがデートコースで、そのなかで、よく連れて行ってくれたのは、渋谷の道玄坂にある馴染みの靴屋でした。坂道の途中で小さな道を曲がるとそのお店はひっそりとありました。

彼の靴はドレスシューズやデッキシューズ、スニーカーなど数多く、とても愛着があるようで、木箱の洒落た靴磨きグッズを買い自分でも時々嬉しそうに磨いていたのを思い出します。

「人は服装よりも足元の靴を見てセンスを測るんだ」とは彼の持論でした。

彼が歩けなくなった後はサイズの合う友人知人に履いてもらいました。まだ新しいスニーカーは、自宅療養のときに面倒をみてくれた介護士さんに差しあげましたが、「本当にもらっていいんですか?」と目を丸くして「はい、圭一の代わりに履いて歩いてください」と言うと嬉しそうに笑っていたのを思い出します。

考えてみると、いい靴を履いて歩いたおかげで幸せをいっぱいもらいました。そういえば、最近新しい靴を買っていないことに気がつきました!

早速、買いに行きましょう。そして、主人が他界してから一度も履いていないグッチの靴をきれいに磨いて新たな気持ちで出発しましょう。

「見て! ちゃんと履いているでしょう!?」と言いながら。

母が残してくれたもの

ラフカディオ・ハーン（小泉八雲）で有名な、出雲縁結び空港に降り立ったのは、母の三回忌を終えた1年目のときでした。

以前は、私を目に入れても痛くないほど可愛がってくれた父が満面の笑顔で迎えてくれたものでした。今はその姿は見えません。でも代わりに義妹の恵美子さんが、優しい笑顔で迎えに来てくれています。彼女は聡明でしっかり者、私より年下なのにまるで姉のように色々と気遣い、私の心の支えになってくれています。

なので、私は幸せなことに以前と同じ気持ちで帰省することができるのです。家も庭も私の部屋もそのままに残してくれているので、ゆっくりと休めます。父母が過ごした居間には、神棚の横に父と母の御霊《みたま》様が仲良く並んで置かれています。

静かに眠る二人に、「元気だから安心してね。利之（弟）夫婦が一緒だからさみしくないよ」とそっと手を合わせます。母は亡くなる前に恵美子さんに「一人になるから隆枝が心配。よろしく」と最後まで私の心配をしてくれました。

「大丈夫、恵美子さんが、ママさんのぶんまでよくしてくれています」母の愛情に感謝です。

帰郷すると必ず行うことが2つあります。1つはお墓参り、2つめは出雲大社のお参りです。幼い頃から毎年お正月やイベントがあるときに父が連れて行ってくれました。そのせいか、私は神社仏閣が大好きです。武蔵の「吾《われ》、神仏を尊びて、神仏を頼らず」を座右の銘にしています。

神々の集う場所、出雲大社

出雲大社は大国主大神《おおくにぬしのおおかみ》さまを、おまつりしています。縁結びの神様で、広く知られていますが、歌に出てくる「だいこく様」でも親しまれています。

「大きな袋を肩にかけ　だいこく様が来かかると　ここにいなばの白兎　皮をむかれて赤裸」

「だいこく様の言う通り　きれいな水に身を洗い　がまの穂綿にくるまれば　兎はもとの白兎」

幼い頃、こうやって父がよく歌ってくれました。

床の間には「だいこく様と兎の置物」が置かれていて、それを見るとだいこく様の大きな愛に包まれているようで、なぜか安心するのです。もちろん、盛岡に嫁いだときも持ってきて居間に飾りお守りにしています。

子供の頃は「袋の中に何が入っているのかな?」「兎の傷を治すための薬かな?」と勝手に想像していましたが、千家宮司様のご著書を拝見して「そんなに深い意味があったのか!」と感銘をうけましたので、ここにご紹介いたします。

背負われた「袋」の中には、私たちが知らず知らずのうちに生じた苦悩・悩み・煩いなどがあり、だいこく様は私たちの救いに身代わりとなってそれらを背負ってくださっている。との解釈です。

そして、「もとの白兎」は苦しみを克服して清新によみがえり復活させていただくというありがたい歌なのです。今では広く「えんむすび」の神として人々に慕われていますが、この〝縁〟は男女の縁だけではなく、生きとし生けるものが豊かに栄えていくための貴い結びつきです。

私たちの日々の暮らしは形のある、目に見えるものを追い求めた暮らしになりがちですが、私たちが生かされて今日もまた生きているのは形にない目に見えないもののはたらきによるものと考えると、感謝の心が生まれ、明るく楽しい潤いのある暮らしが生まれると諭しています。

旧暦10月には諸国の神々が出雲にお集まりになり、土地の事柄や縁結びのことなどが神議《かむはか》られます。従ってこの月を諸国では「神無月」といい、出雲では「神有月」と呼んでいます。ちまたでは、年に1回全国からの神様が一堂に集い、「〇〇の××と△△の▲▲はどうでしょう?」と談義をして縁談がまとまると聞きました。

真偽のほどは別として、ロマンがあって素敵です。男女の縁だけではなく交友関係、仕事関係、そのほか人と人との良縁を結ぶといわれ、多くの人が参拝しています。

神門通りに面した中の鳥居をくぐると出雲大社まで約300mの松の参道が続きます。参道の両脇は森になっていて木々が生い茂り、時折吹く風が「そよそよ」と音を立て、心地よさをさそいます。砂利道をゆっくりと歩を進めると胸につかえた悩みが浄化されるようで、私は一人で歩くのが好きです。

今では参道の脇に車椅子用の道がつくられているそうで、宮司様の優しいご配慮が感じられました。かつて幼い頃は大祭礼にもなると、この沿道に、綿菓子、金魚すくい、お好み焼きなど多くの出店が立ち並び、子供心に楽しみの一つでした。思い出すと自然に笑みがこぼれます。松の参道をそぞろ歩き、銅鳥居で一礼し、拝殿を通り抜けると八足門に出ます。御本殿には特別な何かがないと行けないので、通常はここで、二礼四拍手一礼でお参りをします。

御本殿は、大国主大神さまをおまつりしていますが、その後ろには父君ともいわれる素戔鳴尊《すさのおのみこと》がまつられています。御本殿を取り囲む道を歩くと「さわさわ」とそよぐ木々の音が、まるで神々のささやきのようで何とも神々しい雰囲気に包まれます。そのことは何も説明していなかったのに、私の友人もそう感じたらしいので「やっぱり」と嬉しく思いました。読者の方もぜひお参りしてみてはいかがでしょうか？

稲佐の浜から日御碕《ひのみさき》灯台へ続く日御碕街道を行くと日御碕神社にお参りすることができます。私は最初、青い日本海と緑の松林を背景に佇む「朱の神殿」を見たときはその鮮やかさに圧倒されました。

日御碕神社は、下の宮「日沈宮《ひしずみのみや》」と上の宮「神の宮」の上下二社からなり、「神の宮」には素盞鳴尊、下の宮「日沈宮」にはスサノオの姉とされる天照大御神《あまてらすおおみかみ》がまつられています。現在の本殿は江戸幕府3代将軍徳川家光の命により、日光東照宮を手掛けた宮大工によってつくられたとのことで、両本殿内陣の内壁や天井には、狩野派や土佐派の絵師による密画が描かれており、彫刻は、竜虎をはじめ鶴亀や松竹梅、三猿といった見事な彫刻が施されています。
伊勢神宮が「日の本の昼を守る」のに対し、日御碕神社は「日の本の夜を守る」といわれています。

かくいう私は、実はそんなに詳しくは知らなくて、千家宮司様の奥様である礼子夫人から拝聴し、襟を正した次第です。なんと、親しくしていただいている礼子夫人は日御碕神社の御姫様だったのです。私の氏神様である長浜神社が遠い昔は、日御碕神社の摂社であったとお聞きしたときには、不思議なご縁を感じました。

バードライフ・インターナショナル(BLI)との出会い

出雲大社の千家宮司様のご紹介で高円宮妃久子殿下にお会いする栄を得ました。

きっかけは、拙著『心配ご無用 手術室には守護神がいる』が原作となった、映画『救いたい』の上映でした。

『救いたい』は、現役麻酔科医が見た、3・11の東日本大震災から復帰を目指し頑張って生きる東北の心優しい人々を描いた映画で、私自身、原作を超えた素晴らしい作品であると思っています。

被災地の石巻でボランティアで上映をする旨を宮司様にお話しすると、日本水難救済会の名誉総裁をされている妃殿下も当時現地にお出ましになられ、労をおとりになったとのお話を聞きました。「それでは、妃殿下も試写会に御成りになると地元住民は喜びますね」「お聞きしてみましょう」と宮司様。

その1週間後、仙台に帰りいつものように手術室で麻酔業務をしていると、突然「宮内庁からお電話です」との連絡があり、あっという間に石巻での試写会へ妃殿下の御成りが決まりました。

その進行の速さは驚きで、宮司様のおかげと心から感謝をしたものです。石巻の上映館に着いたときにはアナウンスはしなかったにもかかわらず、沿道にたくさんの住民の皆様が並んで嬉しそうにお出迎えをされていました。

妃殿下は、そのなかの一人で赤ちゃんを抱いたお母さんのところに行かれ、「大変でしたね」とお声をかけられました。そのお姿が気さくで、温かさが垣間見られた瞬間でした。地元の漁師さんたちの協力がとても力になってありがたかったとも話され、市井《しせい》の人々の働きをしっかりご覧になっているお姿に軽い感動を覚えました。

諸行事を終えてお帰りになるときに仙台駅で新幹線を待つ間、妃殿下が名誉総裁であるバードライフ・インターナショナル（以下、バードライフ）についてご説明を受けました。

それまで、仕事人間だった私は、麻酔以外ボランティア活動をする時間もなくその気すらありませんでしたが、妃殿下の熱のこもったご説明に感銘を受け、以後、のめり込むようになりました。

バードライフ・インターナショナルについて

バードライフについて、バードライフ・インターナショナル東京の代表理事・鈴江恵子さんの説明をご紹介しましょう。

バードライフは世界120か国以上で環境や生き物を守る活動をしています。地球温暖化が進み、生態系が劣化し、生き物が絶滅の危機に瀕する今、手をさしのべたい活動は山ほどあります。その一助とすべく2009年から始めたのがチャリティーガラ・ディナーです。当初は東京のみで開催していましたが、今は春に大阪で、秋に東京でと年に2回開催しています。毎回400名以上の方に参加していただき、オークションの収益と合わせると、年間数千万円をさまざまな活動の支援に拠出することができています。

グローバルでさまざまな活動を支援してきましたが、ここでは2つほどご紹介します。1つ目はバードライフの科学者の研究支援を目的とした基金への継続的な拠出です。この基金は「BirdLife International Japan Fund for Science」基金と称し2019年に、バードライフ・インターナショナル名誉総裁である高円宮妃殿下のご就任15周年記念事業として始め、現在もご寄付を募っています。

環境保全といえば、具体的な活動や種に対する支援が分かりやすく、また評価もされやすいです。しかし、あらゆる活動は長年の継続的な研究と調査に裏付けられた戦略や行動によってはじめて効果を生むことができます。

地味ですが地球環境問題を考えるうえでの基礎となり、世界第一級の鳥類の研究のため、ガラ・ディナーから収益金の半分を拠出しています。国際機関や各国政府、研究機関はこの研究データをもとに、保全の方針や施策を打ち出しています。まさにバードライフの根幹をなす重要な活動のスポンサーがガラ・ディナーです。

次は日本人に大人気のペンギンの保護活動をご紹介します。よちよち歩く姿は本当に可愛らしいです。しかし、世界で18種いるペンギンのうち10種が絶滅の危機に瀕していることはご存じでしょうか。ガラ・ディナーで支援したペンギンの一つが南アフリカに生息するケープペンギンです。ケープペンギンは、過去40年間に70%以上も減少しました。これは生息地付近の漁場で過剰な漁業が行われ、餌の魚が減ってしまったことや、地球温暖化のため海流の流れが変わったことなどが主な原因です。

ペンギンが採餌のために泳げる範囲は限られており、遠くの餌場までは行けません。そこで餌が豊富にある別の場所にペンギンを引っ越しさせることとしました。十分な餌があるか、ペンギンの天敵であるヒョウやマングースがいないかなどさまざまな条件を調べ、仲間がいると思わせるようデコイを置いて、ペンギンを移動させました。

さらに捕食者から守るための柵を設置し、リモートカメラで毎日状況を見守っています。減ってしまった生き物を回復させるには気が遠くなるような忍耐と努力、そして長い時間と費用がかかります。ガラ・ディナーのような資金源がいくつも欲しいところです。

以上、鈴江さんのご説明によりバードライフの意義がお分かりかと思います。読者の皆様もぜひご一緒に鳥と共に美しい自然を守るために活動してみませんか？

鳥を通して見る「未来を考えるヒント」

日頃より、鳥を巡る世界の環境保全に取り組んでいらっしゃる妃殿下は海や山、川や樹木などいかに自然を守っていくかということにもご熱心です。妃殿下の鳥を巡る最新の知見をも交えたエッセイは私たちを未知の世界に誘ってくれます。

『婦人画報』の連載をまとめられた、高円宮妃久子様著『鳥と根付　春秋の物語：レンズを通して』（ハースト婦人画報社刊）から、妃殿下の世界を拝見してみましょう。

その中からうかがえる鳥の生態は、全て目から鱗の興味深いお話ですが、その中で、日本の国鳥「雉子」について紹介してみます。

「ところで、キジのオスは極めて色鮮やかですが、メスはとても地味です。それはなぜでしょう。このような鳥に共通しているのは、オスが子育てを手伝わず、メスのみが子育てをする点です。子育てするメスは敵に目立たないことが好都合であるため、地味な姿に進化したのでしょう。そして解放されたオスはできるだけ多くのメスにアピールするために、この派手な姿に進化したと考えられます。

動物では、キジのようにメスがオスを選ぶのが一般的です。しかし人間は逆に、女性がおしゃれをして派手な色目で着飾り、男性は地味です。つまり女性が男性にアピールし、男性から選ばれようとしているとも考えられるのです。そしておしゃれをしながらも、女性のみが子育てに励んできたという歴史もあります。ところが最近は女性が男性を選ぶことも多くなりましたし、子育てに参加する『育メン』も増えてまいりました。

人間の場合、相手を選ぶのは男性なのか、それとも女性なのか。派手に着飾りながら、子育てをしてきたのはなぜなのか。これら人間の行動が今後、いかに変化していくのかなど、動物行動学的に、そして社会学的にどのように説明されていくのでしょう。必ずしもキジと同列に議論するべきものではありませんが、何となく気になる興味深い問題です。」

環境の変化から鳥の数の減少が見受けられ、種が絶滅の危機にさらされることもあると警鐘を鳴らす妃殿下のお言葉に、未来を考えるヒントがうかがえます。

また、鳥は羽繕いに代表される羽の手入れを絶えずしていますがその目的は、羽の汚れや寄生虫を取り除くこと、そして羽の形状を整え防水性を持たせることだそうです。世間では、「取り繕う」は過失や失言などをしてその場だけを誤魔化すときや、外見や体裁をとりあえず良く見せる時に使われていますが、真剣で無心に鳥繕いをする彼らに失礼ですよね。

これらの詳細は高円宮妃久子様著『鳥と根付　春秋の物語：レンズを通して』（ハースト婦人画報社刊）をご覧ください。

バードライフ・サポーターズ（BLS）誕生

私たちはバードライフを広く知っていただくために小さなグループを立ち上げました。メンバーは、全国からの麻酔科医たちです。

医療関係者だけでなく幅広く他業種の方々と、交流し、楽しく過ごして、その一部をBLIに寄付していただくというのが、その趣旨です。BLSは、BLIをサポートする、バードライフ・サポーターズという意味です。

ＢＬＳは2年前から開発途上国の医療支援も開始しています。人間を守らないと鳥も環境保全もできませんので。毎年1月にメンバーや親しい方を誘い食事会を開いています。

最初は「ＢＬＳってBasic Life Supportで救急蘇生の研究会かと思った！」という人が多く、説明するのが大変でしたが、今では、やっと定着しました。妃殿下より「立ち上げより継続が大事」と言われて早10年が経ちました。

昨今、天候不順が続き国内外で自然災害が起きています。自然災害対策として海の豊かさを守る、陸の豊かさも守る、すなわち海洋と海洋資源の保全、陸上生態系の保護と回復、森林の持続可能な管理、砂漠化への対処、土地劣化の阻止、ならびに生物多様性損失の阻止を図るなど、いわゆる環境保全が叫ばれており、バードライフがまさに取り組んでいるところです。

最近では、自然災害が起こる原因を減らすための取り組みが私たちの周りでも至るところで行われています。

自然災害への対策の中で、最近よく目にするのが「SDGs（Sustainable Development Goals／持続可能な開発目標）」です。

このＳＤＧｓの取り組みは、私たちが日常生活の中でできることも含まれます。当たり前の生活が当たり前でなくなってしまう前に、自分ができることを一つずつ生活に取り入れていけるといいですね！

第4章

介護施設はちょっといい話であふれている

介護施設に関する知識をもう一度
〜老後の選択・介護施設か自宅か?〜

長年連れ添った相手が亡くなり一人になった方から、「老後の選択として介護施設に入所するか自宅で暮らすか迷うところです。どう思いますか?」とよく質問されます。老後に何かあったら家族に迷惑をかけたくないと考えてのことでしょう。

どちらがお勧めかは、個人個人の状況によって一概に言えませんが、参考のために、介護施設に関する知識をもう一度お話ししたいと思います（詳しくは前著『介護施設で本当にあったとても素敵な話』（アスコム刊）を参考にしてください）。

介護老人保健施設はどんな所?

介護老人保健施設は病状が安定し、病院での入院治療よりも看護や介護を必要とする方に、その心身の状態にあったリハビリテーションなどの医療ケアと、生活実態に即した日常生活の介護サービスを提供している所です。

心のケアやご家族との信頼関係も大切にしています。明るい家庭的な雰囲気の中で、生きがいのある自立を援助し、地域や家庭との結びつきを重視し、一日も早い家庭復帰のお手伝いを目指す所です。また、在宅での介護を必要とされている方のショートステイやデイケアなども行っています。

介護の必要な程度によって、軽度から重度まで次のように分類されます。

要支援1：日常生活を送るうえで必要な行動の一部に手助けが必要な状態。回復の見込みがある。

要支援2：日常生活を送るうえで必要な行動に、部分的な手助けが必要な状態。回復の見込みがあるが要介護状態に移行する可能性がある。

要介護1：要支援状態から日常生活を行う能力がさらに低下し部分的な介護が必要と

なる状態。

要介護２：要介護１の状態に加え、日常生活動作についても部分的な介護が必要となる状態。

要介護３：日常生活において全面介助が必要となる状態。

要介護４：要介護３の状態に加え、さらに動作能力が低下し、介護なしには日常生活を営むことが困難となる状態。

要介護５：要介護４の状態より動作能力が低下し、介護なしには日常生活を営むことがほぼ不可能な状態。

そして、介護サービスには色々な種類があります。

①居宅サービス
②地域密着型サービス
③居宅介護支援

④介護保健施設
⑤介護予防サービス
⑥地域密着型介護予防サービス
⑦介護予防支援

重症度によって、受けられるサービスが異なるので、困ったときには地域のケアマネージャーや相談員に相談するのがいいと思います。

介護施設の種類はさまざまですが、何を基準に選べばいいのでしょうか。要介護者の状態もあれば、経済的なことも心配だと思います。

そこで、介護保険サービスで利用できる4種類の公的施設を紹介しましょう。それぞれに違いはありますが、要介護者がどのような状況でも、この4種類のどこかに入所できると思います。

①特別養護老人ホーム（通称・特養）

初期費用がかからず、月額費用が10万〜15万円前後と比較的低額なので、待機している入所希望者が非常に多い介護施設です。そのため入所までに数年かかることもあります。入所は先着順ではなく、要介護度以外に家族状況なども考慮されるほか、緊急度の高い方が優先されます。基本的に、最期まで面倒を見てもらえるので、本人や家族は安心です。入所の基準は要介護度3以上ですが、看護師の夜間配置が義務づけられていないので、医療ケアを常時必要とする場合は対応が難しく、入所できない場合もあります。

②介護老人保健施設（通称・老健）

医療法人や社会福祉法人などが運営する公的介護施設です。病院と自宅の中間的な位置づけだと考えれば、分かりやすいと思います。

自宅で生活するのが難しい要介護度1以上の方を対象に、自宅に帰ることを目指す施設です。そのため介護よりも医療サービスが充実しています。医師と看護師が常駐するほか、薬剤師、理学療法士、作業療法士も配置されているので安心です。

老健の入所期間は原則3か月ですが、効果を見ながら3か月ごとに自宅復帰できるかどうかが判定されます。

比較的症状の軽い人も受け入れる施設ですが、現状は入所者の7割が、要介護度3～5の人たちのため、多くはリハビリを受けても自力で生活できるまでは回復できず、数年間入所している例もあります。

③介護療養型医療施設

主に医療法人が運営する介護施設です。

特養や老健に比べて要介護度が重い人、医療や介護の必要性が高い人を対象に受け入れています。医療機関なので痰の吸引や酸素吸入、導尿カテーテル、経管栄養など専門性の高い医療ケアに関しては万全の態勢を整えています。多くは病院が併設されているので、要介護度の高い人や寝たきりの人に適した施設といえるでしょう。

なお、この介護療養型医療施設については、２０２４年3月31日で廃止になり、次にご紹介する「介護医療院」へ転換がなされています。２０２４年12月現在、名称が変わる過渡期でまだこの名称がそのまま使われていることもあるため、ここでご紹介いたしました。

④介護医療院

介護療養型医療施設の入所者の転居先として、２０１８年4月に創設された施設です。介護医療院の目的は、要介護状態の高齢者に対して医療・介護・住まいの場を提供することです。介護医療院は、診察室や機能訓練室、処置室などの設置が義務づけられているので、要介護度の高い入所者のサポートも可能です。

介護施設の利用を考えている人は、低所得者を対象に居住費や食費の自己負担分を軽減する特定入所者介護サービス費という制度も知っておいて損はないでしょう。

費用がどれぐらい減免されるかは、申請する市区町村が認定する負担限度額認定によって決まります。担当のケアマネージャー、あるいは地域包括支援センターなどに連絡して確認したほうがいいでしょう。

備えあれば患《うれ》いなし、誰でも将来何が起こるか分かりません。知識として頭の片隅に入れておくことが重要です。

健康寿命の重要性

もちろん知識も重要ですが、介護のお世話にならないためにも、まずは「健康寿命」を意識することが大切です。健康寿命とは、「健康上の問題で日常生活が制限されることなく生活できる期間」のことです。

介護施設に勤務していると、介護が必要になったとき、自宅介護か施設に入所させたほうがいいのかを、よく聞かれます。

介護する側はもちろん諸事情から施設に預けたほうがいいと思うでしょうけれど、介護される側はどうでしょう？

重度の認知症になっていない限り、自宅、介護施設どちらにしても不満で残念に思われるでしょう。自分自身で衣食住をこなせないほど不自由なことはないからです。ましてや、今まで仕事や生活に活発だった人はなおさらです。そう思うと健康寿命の大切さが分かります。健康で長生きをしてこそ人生を楽しめるのだと思います。予防医学や早期発見、早期治療も進んできました。健康診断を欠かさず受けることをお勧めします。

厚生労働省による健康寿命の最新データ（２０１９年）によると、日本では男性が平均72・68歳、女性が75・38歳まで健康に生活できるとされています。平均寿命と健康寿命の間には、男性で約9年、女性で約12年のギャップがあり、健康寿命を延ばすことの重要性が強調されています。では、どうやったら延ばせるのでしょうか？

健康寿命を延ばすために推奨されているのは、

1．食生活を見直す
2．日頃から活発に運動をする
3．定期的な健診・検診と口腔ケアを怠らない

ということが特に重要です。バランスのいい食事や運動習慣を意識し、検診などで生活習慣病の早期発見・重症化予防に努めることが、健康寿命の延長に繋がるのです。

無理なく生活習慣を見直して、いつまでも若々しく楽しい生活を送りましょう。

ちょっといい話1

廃用症候群から畑仕事に復帰！
―熊と対峙したお爺さん―

皆様、「介護施設」を利用するというと、どうしてもネガティブなイメージをお持ちになる方も多いかと思います。暗い・死を待つばかりの場所……もしかしたらそんなイメージをお持ちかもしれませんが、そんなことは全くありません。むしろ、安心して入れる楽園のような場所だと思っています。

私の勤務する老健たきざわでは、通所リハビリテーションの部署があり、「ちょっといい話」であふれています。

ここからは、最近あったちょっといい話をご紹介していきたいと思います。

93歳、男性、親しみを込めてK爺さんと呼びましょう。

Ｋ爺さんは岩手県滝沢市の山奥の最近テレビで人気の高い、いわゆるポツンと一軒家に一人で住んでいました。

何でも、自分で開拓した広大な敷地の中だそうです。冬になると雪深く厳しい寒さとなるので、冬の間は盛岡市青山町の中心部にある息子さん夫婦の家で3人で住むことになりました。当時は息子さんはがんを患い闘病生活で、妻は毎日病院通いをしていたため、Ｋ爺さんはほとんど毎日ベッド上の生活が続きました。それまでの畑仕事などはなく、近所に知り合いもおらず何もしないで動かなかったせいか、食欲もなくなり自由に動けなくなってしまいました。

昨年3月に当施設の通所リハビリテーションに来たときは、「廃用症候群」と診断されてしまいました。

「廃用症候群」という言葉を聞いたことがない方もいらっしゃるかもしれません。

廃用症候群とは、病気やけがで安静にすることで体を動かす時間・強さが減り、体や精神にさまざまな不都合な変化が起こった状態をいいます。

例えば筋肉がやせて筋力が落ちる、関節の動きが悪くなる、骨が弱くなる、血圧の調節がうまくいかず起立性低血圧になる、痰や飲食物が肺に入り誤嚥《ごえん》しやすくなる、胃腸の動きが落ち便秘になりやすくなる、尿路結石を起こしやすくなる、精神的に落ち込みやすくなる、脳の動きが鈍くなり思考力が落ちる、睡眠のリズムが崩れ不眠症になるなど多彩な症状が出ます。

そんな廃用症候群になってしまったK爺さんは、筋力も低下し立ち上がるのもやっとで、歩くのも伝い歩き、転倒も多い状態でした。

通所リハビリでは、基本動作訓練のほか階段昇降、ストレッチ、エアロバイクなど適宜行い、動いて動作が活発になったせいか食欲が出て食事量が増え、杖歩行もできるようになり、今では自宅の畑仕事もできるまでになりました。

自分で開拓したという森の中の広大な土地には、米、りんご、さくらんぼなど色々な農産物が植えられています。また、さまざまな動物たち（ハクビシン、タヌキ、キツネなど）が出入りして賑やかです。昨年は自分の部屋の隣の小屋に2頭の熊がいるのに気づき、すかさず通報。今年は同じようにイノシシを発見。両方とも通報を受けた猟師さんが仕留めましたが、2頭の熊とイノシシは、ある日のK爺さんの食卓に上がりました。

K爺さんの場合、広々とした自分の土地で自由に畑仕事をしていたけれど、諸事情のため街中の家に移りベッド上生活を余儀なくされ生活が一変したことにより、廃用症候群に陥ったことは容易に想像できます。加えてご長男の闘病生活というストレスも誘因になったと思います。

とにかく、早目のリハビリ開始が効果的で心身共に回復されたことは望外の喜びです。いつぞやリハビリ担当の田村君が自宅に送り届けたときに、２ｍの立派な蛇の抜け殻を木箱に入れて自慢げに見せてくれたそうです。私も後で写真で見ましたが、立派というか何というか、きれいに脱皮したのでしょうか？　切れ込みもなくオールインワンで不思議な感じでした。

私は、蛇は苦手で会いたくないのですが、所によっては守り神様と言って大切にしているらしいです。きっとこの２ｍの蛇は今でもＫ爺さんを見守っているのでしょう。

今頃は、キツネやタヌキに囲まれ大好きな畑仕事をされている幸せそうなＫ爺さんの姿が思い浮かびます。豊かな大自然に囲まれて元気に長生きしてください。

ちなみに、廃用症候群になってしまうと、回復するためには廃用症候群に陥っていた期間の数倍の期間が必要となります。治療としては、自分のできる範囲で身の回りのことをし、規則正しく生活し、日中しっかり頭と体を動かすといったことが必要です。

安全に移動できるように自宅内の段差をなくす、手すりをつけるなどの環境整備も大切です。リハビリやデイサービスといった体制を整え、外に出て人と接する機会をつくることも重要です。大きな手術やけががあるときには、できるだけ早くからリハビリを行い、体を動かし、口からものを食べて胃腸を動かすといったことが必要です。安静の必要がある場合は、ベッドの上でもできる運動を取り入れます。また、体の維持に必要なエネルギーやタンパク質を十分摂取する必要があります。

寝たきりで体を全く動かさないと、筋肉量は減り、数週間で関節のなめらかさが失われていくといわれています。体の向きを数時間おきに変える、手足を動かすリハビリを毎日行うといったケアが欠かせなくなります。

ちょっといい話2

介護度4から今は車、バイクを運転し田植えも！

79歳のTさんは元気で活動的なお爺さん。そんなTさんが、某病院で人工膝関節の手術を受けました。

当時は新型コロナウイルス感染症が真っ盛りで退院の許可が出ず、3か月間の入院となりました。家族との面会もできず、ほとんどベッド上で過ごしたTさんは、コロナ感染のためリハビリテーションもままならず、筋肉も衰え足腰も弱くなり歩けなくなって車椅子生活となりました。

会話や刺激も少ないことから軽い認知症に陥り息子の判別もできなくなってしまいました。3か月後リハビリテーションを目的に慢性期医療の病院に移ったときは動きが活発で問題行動も多かったため、けがをしないように拘束され、それが原因だったのか認知症はますますひどくなり、認知症の薬の増量で意識もドロドロになってしまい、息子の判別もできなくなってしまいました（妻のことは分かっていたようです）。

病院でのリハビリテーション終了後、家族が迎えに行ったときはまるで別人で〝この人はおわったな〟という印象だったそうです。帰宅するにあたって、自宅にするか介護施設に移るか家族会議をしました。自宅では見れないと言い張る長男を妻が一喝。

「あんたたちのためにお父さんがどんなに働いてきたか!!」

その後色々あったようですが、最終的には訪問看護とデイサービスを利用して自宅療養となりました。自宅に帰ってからも何度も転んだり、車椅子で坂を下りたり、縁側から落ちるなど問題行動が絶えなかったのですが、認知症のほうはだんだんよくなって、長男のことも分かるようになりました。

その頃から、当施設の通所リハビリテーションに通うことになりました。最初は、歩けなかったのですが、基本動作訓練のほか、立ち上がる、歩行器で歩くなど、積極的なリハビリテーションを重ねるにつれ自立歩行ができるようになり問題行動もなくなっていきました。ついには、認知機能検査も正常になり、期限の切れてしまった運転免許証を再び取得できるようになりました。

現在は車やバイクを乗り回し、元気に畑仕事をされています。これもすごいことです!!

コロナ禍で不本意ながら、長期にわたる病院での安静によって体を動かす時間・強さが減り、体や精神にさまざまな不都合な変化が起こった状態、いわゆる廃用症候群となりました。それでも自宅に帰り、自分のできる範囲で身の回りのことをし、規則正しく生活し、日中しっかり頭と体を動かすことによって回復が早まりました。デイサービスでリハビリを行い、人と接する機会をつくったのも回復を早める結果になったことは言うまでもありません。

ご家族、知人は完全に元に戻った姿を見て驚きと感心しきりでした。

ちょっといい話3
看取りで入所したはずなのにビックリ!歩いて帰宅

90代のMさんは、看取りを含めた最期まで施設での介護を希望し入所されました。入所当時、食が細く、食事量が少なく、活気も低下して会話が少なく、ベッド上ではぼ寝たきり状態でした。

ご家族は経管栄養は希望せず、食べられるだけ食べて、食べられないときは点滴で水分を補うことを選択しました。理由は、年をとってまで鼻から管を入れたり胃に穴を開けてチューブを入れたりするのはかわいそうだから、穏やかに自然な経過でお願いしたいとのことでした。

最近は同じような経過を望む家族が多いように感じます。私たちはご家族の希望に沿って寄り添います。ところが、Mさんは、看護師や介護スタッフと慣れるにつれ食欲が戻り普通に食べられるようになり、会話も少しずつできるようになりました。

食事ができると元気が出てリハビリも進み、基本動作訓練から立ち上がり、歩行器訓練を経て、杖歩行もできるようになり、自宅療養が可能になって現在は介護サービスを受けながら自宅で過ごしておられます。

通常のカンファレンスのときに師長から「Mさんは、自宅療養が可能になりました」と報告を聞いたときには驚きました。「看取りで入った人が?」「ほかの施設と何が違ったのかしら?・」と言うと、師長はにっこりして「さあ?・」と満面の笑顔。「看護師や介護スタッフが頑張ったのですね。すごい!・」「きっと雰囲気がよかったのでしょう。お疲れさまでした」と私は心から感心して労いました。

Mさんのように歩いては帰宅されないけれど、同じように自宅や別の有料老人ホームでの療養が可能になり退所された方がほかにも数人いました。

そんなとき、他施設のスタッフから、「何で?・」「何が起こったの?・」と訝しげに言われますが、私は、当施設の師長をはじめ介護スタッフの努力と元気で温かい思いやりや雰囲気が、弱弱しく看取りで入所された方を勇気づけたのだと、スタッフたちを大変誇りに思います。介護施設は自宅療養が可能になるためのリハビリをする所という本来の目的を改めて再認識させられました。

ちょっといい話4

100歳のおばあちゃんの「好きな人」

先日、老健たきざわのデイサービスに通っているご婦人が100歳の誕生日を迎えられました。みんなでお祝いをしましたが、私は挨拶を頼まれました。そこで、ありきたりの挨拶よりはご本人に一問一答をすることにしました。

「今幸せですか?」「はい。幸せです」

「今100歳になられましたが、あと何年ぐらい大丈夫そうですか?」「ウーン！30年かな?」

「長生きの秘訣は何ですか?」「家の周りのことや、畑仕事かな?」

最後に「好きな人はいますか?　誰ですか?」

彼女がすかさず嬉しそうに指をさした人はなんと、デイサービスの介護職員の男性でした。

ステキです。信頼されているのですね。そういうスタッフがいることを、施設長として本当に誇りに思いました。少し耳は遠いけれどちゃんと受け答えができ、その中に長生きのヒントがあり、全員拍手喝采でした。彼女にとっての毎日は、たぶんストレスがなく自分に合ったペースで幸せな人生を送られているのでしょう。

私の周りには、この100歳のおばあちゃんのように、イキイキと毎日を送られている方がたくさんいます。

先日、国際ゾンタ世界大会でオーストラリアのブリスベンに行ったときのことです。各国から約1600人の会員が参集していましたが、医学集会と違って何と華やかなこと！　紺ブレを着ているのは私ぐらいで、皆様色とりどりの艶《あで》やかな服装で圧倒されました。

失礼ながら自分よりも年上の方々も多く見られましたし、杖をついている方や車椅子の方もいましたが、みんな、一様に明るく、フランクでお元気でした。80〜90代まで生きているとよくも悪くもさまざまな経験をされたと思いますが、そういう陰は微塵もなく、ボランティア活動をされている姿に感動し、勇気と元気をいただきました。

70代なんてまだ若いです！

第1章の断捨離のときにもお話ししましたが、こんな考えがあると言いました。

・70歳を過ぎたら当たり前だったことを「やめる」
・大切にしていたものを「捨てる」
・そして過去への執着から「離れる」
・まわりに迷惑をかけないよう、静かにゆっくりと人生を過ごせばいい

そんな消極的な考えはとんでもない！

これからまだまだやれることがあり、楽しいこともいっぱいあります。

誰かが言いました。「60代になると少し体がだるくなる」「70代になると今まで普通にできたことがかなり辛くなってくる」と。

確かに70代になってから、体の衰えを感じます。

みんなは私のことを「外見は若く見える」と言いますが、実際は私だって若い頃に比べたら体力も持久力も低下していると感じます。

でも、孤独、さみしさ、悲しさを味わった今だからこそできることもあると思います。若い頃と比べればもちろんできないことも増えるでしょう。でも、年を重ねてさまざまな経験を経るほど、思いやりや、気配りなど、相手の立場になって考えることもできるようになってきました。もっと自分に磨きをかけて魅力的な大人になりたいと思っています。

ちょっといい話5

103歳の可愛い「おばあちゃん」

最近、103歳の可愛い「おばあちゃん」にも、ホッとさせてもらったいい話がありました。可愛いですと言っては失礼なら愛すべき人と言うべきでしょうか。Aさんは認知症があり、廃用症候群（176ページ参照）で歩けなく、入所されていました。

ある日車椅子に座って手のひらに大事そうに〝ひよこ〟の人形を載せてなにやら、にこやかにお話をしていました。看護師が「このひよこの名前は何て言うの？」と聞くと彼女は「ようこ」と答えて優しく、可愛がっていたとのこと。その姿が何とも愛らしく、後日その話を娘さんにすると「ようこは私の名前です」と。認知症になっても愛娘のことをいつも思っていたのですね。胸が熱くなる、いい話です。

第5章

これからの若者に託したいこと

若者は今〜後継ぎ問題〜

「卒業したら家に帰って後継ぎをするの」と学生時代の友人はさみしそうに言いました。

「えッ、何で？　今お付き合いしている彼と結婚して東京に住まないの？」

「私は長女で医師でもあるので、帰って診療所の後を引き継ぐことになっているの。なので、親の勧める人とお見合いをして跡取りになるの」

「えッ？　では今の彼とは別れるの？」「そんなことできの？」と私。

「最初から親との暗黙の約束だから仕方がない」と俯きながらボソッと話す彼女を見て「そんなことあり得ない。事情を話して今の彼を認めてもらったら？」と言う私に

「向こうも長男なのでダメなの……」。

その後、彼女は本当に実家に帰って開業医を継ぎました。彼女が継いだ診療所は代々続いた名門で、周囲の人たちからはとても頼りにされていました。そんな環境でとても言い出せずどんなに辛かっただろうかと胸が痛くなりましたが、その後、長男長女を産み幸せに暮らしていることを知り、ほっとはしたものの、複雑な思いが残りました。

時は経ち、長男が医学部を卒業したという喜びの一報がはいり、「彼女の犠牲は実を結んだ」と思っていましたが、それから十数年後「長男は、医大に残り診療所は継がないことになりました」との知らせ。

驚きました！　てっきりショックで落ち込んでいると思い彼女に電話をかけると、「仕方がない。本人がどうしても帰らないと言うので。それに、最近では、みんな大きい病院に行くので、患者数も減ってきたし、地域医療の役割も昔ほど必要なくなったみたい」と半ばあきらめの表情で返事が返ってきました。

「あんなに苦しんで自分を犠牲にしてまで家を継いだのに本当にそれでいいの?」と私のほうが興奮して聞くと「本人の好きなようにさせてあげるしかない」と。

母の愛情はすごいと思いました。

愛する人をあきらめて決別し、郷里に帰って家督を継いだのに呆気ない結末に終わってしまう。どうにもやるせない、後味の悪い気持ちが残りましたが、当事者はなおさらだったことでしょう。

時代が変わって、悩みが消えた

我が身を振り返ると、一人娘で両親も周囲の人も当然私が診療所を継ぐものだと思っていたのに、恋愛を優先し愛する人に嫁いだ自分を彼女と比較して、当時は罪悪感で悩みました。幸せな人生であったけれど少なからずその罪悪感にさいなまれていた自分でしたが、この話を聞いて、「そうだ、時代は変わって、もうそんな悩みは必要ないんだ」と思わず心が軽くなりました。

周りを見れば息子や娘がいても家督を継ぐ人々は限られています。実際に私が仙台医療センターの部長時代、研修医たちに親の後を継いで開業するか、大学または地域の臨床病院に勤務するか希望を聞いたところ、驚いたことに開業医の息子（娘）は病院勤務、一般家庭の息子（娘）は開業希望でした。

その理由を聞くと、開業医の息子（娘）は、「開業は昼夜を問わず働きづめで、自分一人のため休暇も思うように取れず、体を壊しそうだから」。

確かに！　両親の後ろ姿を見てそう感じているんだなと思いました。

一方、開業医希望は、「勤務医よりお金が儲かりそうだから」。なるほど、開業すると経済的に豊かになると勘違いをしているようです。相当な収入はあるけれど、相応の支出もあり身を粉にして働かなければならないことを忘れていますね（実際は、開業医はお金持ちに見えても自転車操業のことが多い）。

というわけで、中には「帰って後を継ぐように言われているので○○科医になります」という殊勝な研修医もいますが、ほとんどは、自分本位で決めていました。

親たちも子供の自主性を重んじているのが感じられました。中には医師の父親の背中を見て育ち、尊敬する父のようになり後継者になるべく何浪してでも医学部に入ると努力している息子がいるのも知っています。

いずれにしても今では、子供の自主性を尊重して親は見守るというのが、双方の幸せに繋がると思います。最近は学歴社会というよりは、何か確かな技術を持っていたほうが、強い時代になりました。

現に、高校を卒業してすぐにスポーツ界に入り自分の能力を発揮して功を成し、親孝行をしている若者たちもいます。それを許した親も立派だと思いました。一方、高学歴であってもそれを活かせず苦労をしている若者たちもいます。家業を継がなくても多様性を重んじる現在は、色々な形で親孝行ができるのです。

かつて日本では一家の長男が後継ぎになるのが一般的でしたが、現代ではあまり見られません。その理由としては、家父長制的制度の崩壊や少子高齢化による出生数の激減が挙げられます。

このような現状において、後継ぎを決めて自分の医院を継いでもらうことは容易ではありません。私自身も含めて、周囲では後継者不足で閉院を余儀なくされたところも少なくありません。最近では大病院に行く傾向がありますが、身近な医院として、またホームドクターとして、開業医の役割は大きなものがあります。

そうかと言って、能力ややる気のない子供たちに親の都合で無理に医学部受験を強いると、彼らはうつになって自殺をはかったり、極端な場合は両親に殺意を抱くという恐ろしいことが起こり得ます。

現に開業医の親が子供に医学部受験を強要して、疲れ切った子供が親を殺すという、信じられない痛ましいニュースも見られ愕然としてしまいます。そうなれば、双方にとってこの上もない悲劇であり、何としても避けなければいけません。

家業を継ぐよりもずっと親孝行なこと

医療の世界だけではなく、企業の世界でも後継ぎ問題は重要視されています。後継者不足が起こる原因として、少子化による後継ぎ不在が一つの理由です。

これまで中小企業の後継ぎは、多くが子供への事業承継で成り立っていました。しかし、少子化によって子供の数が減り、さらに事業を引き継ぎたくないと考える子供が増えたことで後継者不足が起こり、親族間の事業承継は年々減り続けています。

ひと昔前までは、家業は子供が継ぐものという風潮がありました。しかし、価値観の多様化や家族のあり方が変化したことによって、中小企業の経営者や個人事業主は、子供に後継ぎを強制することが少なくなり、後継者不足が起きているとのことです。

後継者不足を解決するには、ほかの親族に引き継いだり、後継者候補を教育したりするか、さもなければ、廃業ということになるでしょう。

最近は、老舗の店ほど廃業に追い込まれています。たとえ子供がいても家業を引き継ぎたくないと考える子供に強制した場合、いい結果が生まれるとは限りません。結果、双方が不幸な結末を迎えることになるでしょう。過日、フリースクールについての講演・映像を見て家庭や学校で問題を抱える子供や若者たちが、あんなに明るく楽しそうに授業や技術を習っているのを見て感動しました。

今の若者たちはどんな環境に育っても適材適所、居心地のいい所で働くのが一番だと思います。そして、それが、本人、家族の幸せ、ひいては、世の中全体の平和に繋がるのではないでしょうか。どんな職業であれ、自分に合った方法で社会に還元できれば素晴らしいと思います。

私は、家業は継がず医師として、違う立場で一生懸命働いてきました。最初は両親に悪いと思いましたが、認めてもらいたくて、仕事や生活を頑張りました。

その結果、主人はもちろん、親友や友達そしてたくさんの心優しい知人たちと出会いました。心から両親に感謝しています。今の若者たちに言いたいのは、無理して家業を継がなくても自分のやりたい職業につき一生懸命励むこと。そして、いい伴侶や友達に出会い、幸せでいること。それが、家業を継ぐよりもずっと親孝行になり、よりよい社会を目指して世の中に還元できると信じます。

ゴリラに学ぶ、リーダー像

この辺で、はしやすめにトピックスについて触れてみましょう。

最近、選挙の話題が注目を集めています。

2024年9月10日現在、自民党総裁選に立候補したのは7人で、それぞれ出馬表明会見を行い、告示日（9月12日）を前に、いよいよ群雄割拠の様相を呈してきました（最終的な立候補者は9人）。党員・党友票と国会議員票で勝者が決まる選挙戦は事実上の「総理大臣決定戦」とあって大きな注目を集めています。

また、立憲民主党代表選も4人の出馬表明があり、話題になっています。今までにない多くの議員の立候補は、同じ党内でもそれぞれの政治に対する姿勢や構想、意気込みが異なっていて、とても興味深く普段選挙に関心のない人々まで巻き込んで、新時代への大きなうねりとなっています。そこで、理想のリーダー像とは何か考えてみたいと思います。ある人から「ゴリラの生き方からそれを学ぶのがいい」と聞いたことがあり、筆者は、ゴリラの生態について調べてみました。

ゴリラは主に森林地帯を好んで生息をしています。基本的に社会性の強い動物で群れを形成して生息しています。ゴリラが胸を叩くような仕草を「ドラミング」と言いますが、これはコミュニケーション手段の一つで、相手との交渉をしているとのこと。争いを避けたり、自己主張を行ったりする場面で見られます。

性格は人間と同じく、仲間のゴリラたちとの社会的な繋がりを重視します。霊長類

の中には厳しい上下関係が見られるのですが、ゴリラの場合はみんなフラットな関係で、また知力もとても高いため、人間にも劣りません。

交尾の時期を除けば実は温和で繊細な性質を持っていることが明らかになっています。かつてドラミングが戦いの宣言や挑発の手段と考えられていましたが、ゴリラ研究の第一人者である山極寿一氏によれば、胸を叩いて自己主張し、衝突することなく互いに距離を取るための行動だといいます。

オスは生後13年ほどで背の体毛が鞍状に白くなり、通称シルバーバックといわれています。ゴリラの集団は、リーダーとなる1頭のシルバーバックのオスと複数のメス、その子供たちからなる結集力の強いまとまりが核になっています。ゴリラは攻撃的になることはあっても、決して好戦的で凶暴なわけではありません。繊細で臆病な面もあり、平和主義で極力争いを避けることがわかっています。木を倒したり鉄の棒を曲げたりできるほどの強い力は、危険がせまったとき、群れを守るために使われます。胸を叩いて音を鳴らすドラミングは挑発ではなく、ほかのオスを威嚇して無駄な戦いを避けるために行うものだそうです。

デリケートかつ繊細で平和主義な側面も持っていますのでゴリラのリーダーは闘争によって決まるわけではなく、群れにライバル（別のシルバーバック）が現れた際、メスがどちらについていくかによって決めると考えられています。

オスゴリラはメスが出ていかないよう、日頃からメスや子供たちに頼られる男でいなければならないのです。

ゴリラのこうした特徴から考えられる、理想のリーダー像の鍵となるのは「信頼」ではないでしょうか？

決して強権的で強いリーダーではなく、みんなから頼られる人。個人的に言えば、それに加えて何といっても華のある人がいいと思います。私見ですが、年齢に関しては若くてもいいですし、しっかりしていれば高齢でもいいと思います。

若さは何といってもエネルギーに満ち体力があり、高齢者は知力に富んでいるからです。

問題はトップになって何をするかにかかっています。トップが最終目標の人は問題です。ただただ権力ほしさになった人は自分が一番偉いと勘違いをしてパワハラなどをしてしまうこともあります。

しかも反省はおろか、平然としているような人もいるのです。そんな態度には嫌悪感しか感じられません。そういう人は最悪です。

若くても理想を掲げ、やる気十分で信頼に足る人はリーダーとして十分に資格があると思います。謙虚に、自分の足りない部分を補ってくれる人たちで周囲を固めればいいのです。その場合、どれほど有能な側近たちで周囲を固められるかが鍵を握ります。

どんな組織でも成功しているのは、トップ一人ではなくナンバー2やその他周辺の存在が光っている組織です。トップたるもの目標に向かって人材をどう伸ばし使うかによっても能力が試されます。また、「地位が人をつくる」ともいいます。身近なところで言うと、医療業界で「なんであの人が教授に?」と思っても後に納得する場合があるのです。

その場合、周囲を実力者で固めるなどきっと、努力をされたのでしょう。

反対に教授になってもいばりちらすだけで、医局員の信頼を得られない場合、医局は崩壊に繋がります。かつての上司に出世の秘訣は「運・鈍・根」であると教わりました。

すなわち、「運」は巡り合わせのことで、どんなに優秀で技術があってもポストが空かなければ昇進できない。「鈍」はちょっとしたことにピリピリせずに大局的に考える、むしろ鈍感なぐらいがいい。「根」はもちろん根性です。

そうすることで、某大学の理事長にまで上り詰めた、今は亡き上司でした。学ぶことはたくさんあり、時々思い出しては、参考にしています。

さて、このエッセイが完成する頃には立憲民主党の代表、自由民主党総裁も決定していることと思います。それぞれどなたがなるのか、非常に興味深いです。

第6章

介護の現状

麻酔科医から内科医へ
そして、老健たきざわへ

私は、島根県出雲市西園町で産婦人科を開業していた両親の一人娘として生を受けました。その頃田舎では、長男長女、そして一人娘ならなおさら、後継者として親の後を継いで家業を守る、というのが暗黙の常識でした。

私も周囲からそう期待されていたため、幼い頃は、漠然と将来は産婦人科医になるんだなと思っていました。思春期になり、反抗期が訪れたとき「決められた道には絶対行きたくない。外交官か作家になりたい」と反発し、「医師になんか絶対なりたくない！」と言い張るようになりましたが、成長して母の昼夜働く姿を見ていつしか尊敬の念を抱くようになり、医師への道を選びました。

東京女子医科大学を卒業して迷わず産婦人科を専攻し、産婦人科医局に入局しました。そこで、2年先輩の今は亡き夫、圭一に出会いました。

彼は優しくて、ダンディー、アメリカ大好き、カントリーミュージックなど音楽が大好きで、すぐに意気投合してお付き合いをするようになりました。ジョン・デンバーの『カントリー・ロード』『ロッキー・マウンテン・ハイ』や、ヴィッキー・カーの『キリング・ミー』をよく歌ってくれたのを昨日のように思い出します。彼の教えてくれた魅力的で新しい世界に胸が弾み「この人とずっと一緒にいたい」と思い、親不孝とは思いましたが、両親を説得して結婚することができました。

可愛がって育ててくれた、父母にはさみしい思いをさせて申し訳なかったと思いますが、おかげで私は愛する人と、とても幸せな人生を送ることができ、彼が逝ってしまった後も感謝でいっぱいです。私たちを生んでくれたお互いの両親に、そして、最愛の人に巡り会えた奇跡に心から感謝をして日々を過ごしています。

彼の実家は盛岡で産婦人科を開業していたため、二人で盛岡に帰り、彼は産婦人科医に私は麻酔科医としてスタートしました。

産婦人科医ではなく、麻酔科医として、です。理由は2つです。1つは、産婦人科では2年先輩の圭一が、「自分より、うまくなれないのだから、麻酔科に行け！」という一言と、私自身、手術の経験をふまえ全身麻酔のありがたさが身に沁み、麻酔の勉強がしたかったからです。

当時、圭一は岩手医科大学産婦人科講座に在籍し、将来は義父の後を継いで川村産婦人科医院を担う予定でした。産婦人科という職業は過酷な面があり、一見何事もないような自然分娩が、大量出血や難産のため母子の命を危うくすることがあります。そういうときに、麻酔科医がいれば大いに助かるというわけです。

そういう意味で、将来の主人の開業の手助けにもなると思ったのも1つの理由でした。2年間の麻酔科標榜医という資格を得て、再び産婦人科医に戻る予定でしたが、麻酔科の魅力に惹かれ、ライフワークとなりました。

痛みは人類の大敵です。その痛みに対峙するのが麻酔科医なのです。麻酔には全身麻酔と局所麻酔があり、麻酔科医は主に手術室での全身麻酔の管理を行います。ほかに、ペインクリニック（疼痛外来）や集中治療室での患者管理が主な仕事です。全身麻酔は痛みだけではなく意識もなくしてしまうので、患者さんは痛みも不安もない夢の楽園で過ごすことになります。

その一方で、その間に何が起こっても自分自身で防御することができません。そこで、意識をなくした患者さんに成り代わって守ってくれるのがプロの麻酔科医なのです。手術中の侵襲を予想し適切に対処して、何事もなかったかのように手術終了後目覚めさせるのが麻酔科医の役割なのです。激痛のショックで死ぬこともあり得ます。

どんな名医の外科医でも麻酔がなければ何もできません。大切な仕事なのです。命と直接向き合う真剣勝負の麻酔科にやりがいと魅力を感じました。

昔、「一番高い麻酔をかけてくれ！　お金はいくらかかってもいい」という患者さんがいました。なかばあきれ顔で「もちろん、麻酔に高い安いはありません。どなたにでも安全な麻酔を行いますよ」と言いましたが、手術を受ける側は不安でいっぱいなのでしょう。精神的カバーも必要です。麻酔に関することは前著『手術室には守護神がいる』（パコスジャパン刊）に詳しく書きましたので参考にしてください。

岩手医大附属病院麻酔科から同大附属病院循環器医療センターを歴任した後、2005年に国立病院機構仙台医療センター麻酔科に赴任しました。

当時、麻酔科のマンパワーが不足し医療現場において危機的状況をもたらしていました。地元、東北大学麻酔科のマンパワーに支えられてきた仙台医療センター麻酔科医局も事実上崩壊状態に追い込まれていて、がん患者の手術さえも延期になり物議をかもしている状態でした。

乞われて赴任したものの麻酔科常勤医は、私一人という異常事態でした。楽天家の私もさすがに呆然とし「これからどうしよう?」と悩みましたが、幸い、居残ってくれていた歯科麻酔科医の鈴木広隆先生と共に再起を図るべく頑張りました。

盟友、坂本篤裕先生（当時日本医科大麻酔科教授、現在は同大理事長）や野村実先生（当時東京女子医大麻酔科教授）らの惜しみない援助を受け、赴任後1年目には元の手術件数に戻すことができました。友情と人脈には言葉で表せないほど感謝の気持ちでいっぱいでした。

亡き夫の介護がきっかけで

それから20年後、私は自宅のある盛岡で仕事をすることになりました。老健たきざわの私の部屋からは、雄大な岩手山が見えます。

「ふるさとの山に向ひて言ふことなし　ふるさとの山はありがたきかな」

石川啄木の歌です。盛岡は、私の第二のふるさと。神々しく優しい岩手山を前に、帰ってきた安堵とさまざまな思いが駆け巡っていきました。なぜ、老健たきざわに赴任することになったのか。

きっかけは、今は亡き夫の介護です。ある時期、彼は、老健たきざわと同じ医療法人傘下の、介護療養型医療施設「圭友」に入所していました。そういう御縁と友人の紹介もあり「介護のノウハウを知りたい」という思いは強く、２０１９年5月から老健たきざわにお世話になることにしたのです。

友人、知人からは、「麻酔科は外科系なので、介護施設では暇で物足りないんじゃない？」とよく言われました。

「とんでもない。暇どころかとても忙しいし、新しい分野なので学ぶことが多く、新鮮な気分です。主に内科、時々麻酔科医の生活はメリハリがあって楽しいです」と答えたものでした。

実際に、老健たきざわは療養型介護施設のため、さまざまな医療介入が必要です。ただし麻酔科医時代と真逆な診療に最初はとまどいました。つまり、心肺停止の患者さんに対して救急蘇生ではなく、静かな見守りが必要だったからです。現にここでは救急蘇生用具や人工呼吸器などの装備はありません。

その代わり、入所者は高齢であることや、生活習慣病（成人病）にかかっている人が多いため、そちらの管理が重要になってきます。すなわち、糖尿病、高血圧、心疾患などに対する内科的管理です。とはいっても、介護施設は療養が主であり、治療薬は限定されているため診断が主になります。

持病が悪化したり、病気にかかったりすると、診断して、手におえない場合は病院に送ります。当施設は介護度5や4で寝たきり状態の入所者が多いため、誤嚥性肺炎や、尿路感染症が多く気が抜けません。

老健たきざわに赴任して約5年が経ちますが、ある特徴に気がつきました。それは、入所者の男女比が1対2で、がぜん女性が多いことです。そして、女性は70～100代、男性は、50～70代の人が多く見られます。

高齢女性は主に老化、認知症、骨折後などによる寝たきり状態、男性の場合は比較的若く、脳出血や脳梗塞後遺症、糖尿病、心臓病などいわゆる成人病のある人が多く見られました。最近の平均寿命が男女とも80歳以上であることから女性の場合は納得できますが、男性はその年齢に達する以前に病に倒れてしまうのは残念なことだと思います。

たぶん、女性と比較して飲酒や食生活の乱れなどが影響しているのではないかと思います。主人の場合も60代でしたが、お酒やお肉が好きで野菜は嫌いだったので脳梗塞、糖尿病、糖尿病性腎症で命を落としてしまいました。50〜70代の男性は気をつけましょう！

当施設では、かなり重度の要介護者も受け付けますが、例外が一つあります。それは、末期がんの患者さんです。なぜかというと最後に痛み、それも激痛が襲うからです。私は麻酔科医なので、痛みのコントロールは可能ですが、介護施設には、麻薬をはじめとする鎮痛剤が整備されていないからです。急性期病院で長期の入院はできないため、慢性期病院やがん末期の疼痛管理専門のホスピスに紹介されるのが一般的ですが、たまに当施設にお願いされることがあります。

理由を述べてお断りをしても、「それでも痛みがでるまで」と言って入所される場合があります。しかし、激痛が始まってからでは、患者さんの大きな苦痛になるため、私は、お断りするようにしています。

一人に残されたときのために備える

寿命の男女差を考えると当然のように女性が一人に残される可能性が高いです。聞くところによると、女性の場合は、もちろん一時的に落ち込みますが、ある程度経つと立ち直りが早く、むしろ元気になる人が多いようです。

あきらめが早いというよりも、仲間と旅行に行ったり、女子会で飲食やおしゃべりをしたり、自由な時間を楽しむ機会が増えるからでしょう。女性は出産、子育てを経て痛みや困難に強いといわれているのもその一つの理由でしょう。

現に、夫と死別しなくても、最近は熟年離婚が増えているのもうなずけます。ストレスから解放され自由に生きることは、長生きの源になっています。女性は、たくましいのです。反対に男性の場合は、孤独に陥り短命になる人が多いと聞きます。長年連れ添った妻が亡くなると、さみしさはもちろん、食事、洗濯、掃除などの家事一切が自分に降りかかってきます。それまで妻に頼っていた人は何も思うようにできず、絶望感にさいなまれることになるでしょう。加えて、定年退職後に仕事以外の友人がいない場合は、飲食や趣味の場で発散する機会が少ないのもストレスの一因となります。

これらのことを考えると将来一人に残されたときのために備えなければなりません。二人で一生、共白髪までと誓っても現実は難しいからです。私も嫌というほどその現実を味わいました。

そのときのためには、まず、経済的な安定を図ること、特に女性は何か仕事につくといいでしょう。正規でなくともパートでもいいのです。収入と仕事仲間に恵まれれば、残された後も独り立ちできます。

私の場合も主人亡き後、それによって物質面、精神面で助けられました。

次に、特に男性は仕事仲間以外に友人、知人を大切にすること、また、日頃から料理、洗濯など身の回りのことを一緒にすることです。そうすれば、妻にも喜ばれるし夫婦円満の一助にもなります。

出会いがあれば、必ず別れもあります。悲しいことですが、目を背けず直視して、

そのときのために備えるのは大切なことです。また、そのことを考えればお相手をより一層愛おしく思い、お互いに貴重な時間を過ごせるのではないかと思います。

盛岡の四季折々の美しい自然、春は石割桜、夏は宮古の青い海、秋は八幡平の紅葉、冬は雪を頂く岩手山、二人で眺めた懐かしいその姿をもう少しの間、主人と一緒に楽しみたかったとつくづく思います。

介護施設の影

光があれば影が生じます。介護施設に影があるとすれば、それは何でしょう？

あまり思い浮かびません。強いて言えば家族や知人が好きなときに入所者さんに面会できないことや、経済的な負担でしょうか。

先日こんなことがありました。泌尿器疾患を患った80代の入所者さんが持病や寝たきり状態のために手術が不可能で、いつ寿命が尽きるか分からないとの報告を受けました。ご家族の「毎日のように会いたい」という希望で退所されました。

コロナ感染症が第5類に分類されたとはいえ、まだ感染者は少ないとはいえず、当施設では持病のある重症者が多いため、希望を叶えてあげることができませんでした。

結局ほかの病院に転院しましたが、やはりそこでも毎日の面会はできなかったようです。毎日顔を合わせたければ、自宅療養が一番でしょう。ただし、ご家族みんなの同意と覚悟が必要なのは言うまでもありません。

Aさん、Bさんどちらが親孝行？

Cさんには、AさんとBさん、二人の息子がいました。Aさんは子供の頃から優秀で、成人してからは出世頭で高給取りではありますが、海外に住み会社の重要ポストのために、経済的な支援は惜しまない代わりに介護施設にいる母親の面会には一度も来ませんでした。母親は会えなくてさみしいけれど自慢の息子と豪語していました。

一方、Bさんは田舎に住み畑や田んぼを耕しながら洗濯物を持って来たり、事あるごとに母親に会いに来て元気な顔を見せ、世間話をして安心させて帰りました。

さあ、あなたはどちらが親孝行だと思いますか?

私はどちらも親孝行だと思います。

Aさんの経済的支援とBさんの献身的な心のケアと世話で、Cさんは満足されたと思います。しかし、これがどちらか一方だとすると、あなたなら、どちらの息子を選びますか? 私は自分の経験を通して、自分で抱え込まず施設へ入所されることをお勧めします。介護を家族が担うと、次に記すような問題点が生じるからです。

ヤングケアラーの悲哀

ヤングケアラーの認知度を高めるために、テレビ番組やCMでの広報活動が活発になりつつあります。先日テレビで悲しく心を痛める報道がありました。ヤングケアラーの子供が学校健診に行かなかったため、成長過程で重要な所見や病気が見逃され、早期発見すれば事なきを得たはずなのに、残念な結果になって苦しんでいる。というものでした。ヤングケアラーについて少し考えてみましょう。

ケアが必要な家族がおり、介護できる大人がいない場合、子供がその役割を担わざるを得ません。

ヤングケアラーとは、病気や障害のある家族の介護や世話で忙しく、本来受けるべき教育を受けられなかったり、同世代との人間関係を満足に構築できなかったりする子供を示す言葉です。多くの場合、その子供がケアしているのは、障害や病気のある親や高齢の祖父母、兄弟姉妹などです。

手伝いの域を超える過度なケアが長期間続くと、心身に不調をきたしたり遅刻や欠席が増加したりするなど学校生活への影響も大きく、進学・就職を断念するなど、子供として守られるべき権利が侵害されているケースもあり支援が必要です。

ヤングケアラーの存在自体は周囲の人に「病気や障害のある親族を見ている存在」としては知られていますが、ヤングケアラーという言葉自体の認知度はまだ高いとはいえません。また、自身がヤングケアラーであると自覚している子供も少なく、幼少期から介護が日常の一部となっていたため、自覚のないまま負担を背負っている子供も多く存在するといわれています。

以前は大家族が多く、誰かが倒れてもほかのみんなで面倒を見ることで負担が軽減されていましたが、近年、核家族化が進むことにより、家族の構成人数が減ってきて、支援が必要な親や祖父母などを周囲の大人から支援してもらうことが難しく、子供が負担を背負うことになってしまっています。母子家庭では母親に看護や介護が必要となり、ほかに頼る人がいなくなると、子供が看ざるを得ない状況に陥ります。

「家族以外の人に知られたくない」「迷惑をかけてしまうのが嫌だ」などの理由で子供がほかの人に相談せずに抱え込んでしまい、やむを得ずヤングケアラーになってしまうと考えられます。そうした子供は学業に支障が出るだけでなく部活動や友達と遊ぶ時間が奪われ、思春期に大切な交友関係が希薄になり孤独を感じることも問題です。友人たちに介護の話をしても、共感してもらうことは難しいことから、誰にも話せずに孤立を深めていくケースが多く見られます。

ヤングケアラーに関する取り組み

日本でのヤングケアラーに関する取り組みとして、学校への専門家の配置や広報や啓蒙活動の実施などがありますが、最近見たある企業の取り組みの中で、感心した支援についてご紹介しましょう。とてもいい方法だと思います。

老人ホームを運営するある企業では、事業の中で以下の3つのヤングケアラー支援を行っています。

1. ヤングケアラーの介護を自社の老人ホームで引き受けることで、ヤングケアラーの自由な時間をつくる。
2. ヤングケアラーに自社の老人ホームでアルバイトをしてもらうことで、家計を支えながら介護スキルを身につけることができる。

3. 当該企業に入社したヤングケアラーの、奨学金返済を肩代わりしている。

昨今、少子高齢化社会で色々と対策が取られている中で、ヤングケアラーへの対策が急務であると思われます。子供は未来の宝です。彼らが気兼ねなく学業に専念し、いい友達を得て将来活躍してくれることを切に望みます。それは彼らの当然の権利なのですから!!

どうする? 介護離職

介護離職とは、介護が必要な家族のために、仕事を辞めることとです。

介護者は、とりわけ働き盛り世代で、企業の中核を担う労働者であることが多く、企業において管理職として活躍する方や職責の重い仕事に従事する方も少なくありません。

介護は育児と異なり突発的に問題が発生することや、介護を行う期間・方策も多種多様であることから、仕事と介護の両立が困難となることも考えられます。仕事を辞めて介護に専念することで、何が起こるのでしょうか？　それは精神的・肉体的負担の増加と困窮といわれています。仕事を辞めて収入が減るとそれまで利用していた介護サービスを減らすことになり、自身の肉体的負担が増えます。

また、介護される人との1対1の時間が増え、それ以外の人とのコミュニケーションが減り孤立し、孤独になることによって、精神的負担が増えます。親の介護を熱心にするあまり周囲に頼れなくなり、ストレスをため込んで親に手を上げてしまうケースが数多く見られます。

親孝行で始めた介護が、双方が傷つく結果となってしまっては、誰も幸せにはなりません。かつてないほどの高齢社会となっている日本で、親の介護に専念するというのは高リスクといえるのではないでしょうか。

仕事と介護を両立させる場合は、勤務先の制度（育児・介護休業法）を利用したり、介護サービスをフル活用するなどして自分への負担を少しでも減らすことが重要です。また、仕事をしながらの介護には、ある程度の割り切りが必要です。介護はがんなどの病気と違って一定の期間ではなく、長く続くかもしれません。外の世界と繋がる時間を意識的に持ち、息抜きや気分転換を図ることが大切です。

私の経験談をお話しします。私の場合、介護離職はせず仕事と介護を両立する方法を選びました。当然夜と休日しか主人とは一緒にいられません。

あるとき、急に主人が不機嫌になり「どうしたの？」と聞くと「友人が来てダンナが倒れると奥さんは、普通はそばで付き添っているのに、何でいないんだ？　と言われた」と少し憤慨して、さみしそうに言いました。

私は、そういう思いをさせたことを悲しく、申し訳なく思いながら、心を鬼にして言いました。「今もそしてこれから先も二人でずっと楽しく生きていきたい。そのためには十分な費用が必要。今まで二人で働いてきたぶんを一人で補うには倍働かなければいけないでしょ？　だから、私は頑張るから、圭一さんも少し我慢してね」圭一は黙ってうなずきました。

その顔にもう怒りは見えませんでした。

仕事は収入以外にも自分の生きがいです。仕事を継続していたからこそ、いつ終わると知れない介護に立ち向かえたのではないかと思っています。また、外界と繋がり、友人や知人たちとそれまで通り楽しい時間を過ごせたからこそ、圭一にも優しく接することができたと思います。今さらながら、周りの人たちに感謝です。介護施設への入所までの自宅介護では、訪問看護など介護サービスをフル活用したことは言うまでもありません。

怒りを感じても外に出さないようにするためには

アンガーマネジメントが日本社会で注目を集めている理由は、働き方改革にともなって、パワハラやセクハラの防止に、社会全体が力を入れだしたことにあります。近年では、職場でのいじめや嫌がらせが増えていることが明らかになっています。また、パワハラとまではいかなくても、職場のちょっとした人間関係で発生するストレスを減らし、円滑な人間関係を形成するため、アンガーマネジメントが注目されています。

この考え方を介護施設に取り入れたらいいのではないかと考えています。昨今、介護施設の従業員（看護師や介護士など）が入所者に暴力をふるったり、拘束したり（介護施設では原則拘束は禁止されている）、極端な場合は殺人まで犯してしまったという痛ましいニュースが聞こえてきます。

加害者の中には、普段仕事熱心で優しい介護士もいるといいます。入所者は認知症や脳障害後遺症の影響で、言葉の暴力を投げかける人も多いです。プロである介護士は、そうした言動の原因は分かっていても人間ですから、我慢の限界を超えてやむにやまれず衝動に走ったとも考えられます。

こうした悲劇が起こらないように、アンガーマネジメントが役に立つことを期待したいと思い、当施設でも本格的にプロの講師を呼んで勉強会をすることになりました。

アンガーマネジメントの詳細はプロに譲るとして、聞きかじりの知識を紹介します。

怒りを感じても外に出さないようにするためには、次の7つが重要だといわれています。

（1）6秒間数える
（2）怒りが湧きそうな場面から離れる
（3）今後自分の評価がどうなるか考える
（4）過去の成功体験や嬉しかった経験を思い出す
（5）怒りが湧いたときに言うセリフを決めておく
（6）怒りを点数化する
（7）深呼吸をする

深呼吸を何度か繰り返すことで、副交感神経の働きが高まり、リラックスすることができるでしょう。怒ったままでいると、交感神経が興奮し、血圧が高くなったり、頻脈になったりしてイライラしやすくなってしまいます。

深呼吸をうまく活用すれば、心からも体からも緊張がとれ、仕事をスムーズに行えるようになります。私はどれだけ疲れていても急患や患者さんに向き合わなければならないときがありますが、いつもこう思って自分を奮い立たせていました。

「自分が患者さんでなくよかった」と。あくまで彼らは弱い立場にあるのです。どんなに不快なことを言われても立場の違いを忘れて、怒ってはなりません。と自分に言い聞かせています。

介護は、あらゆる職業の中で最も人間らしい温かな交流に満ちた素晴らしい世界です。職員、利用者、家族の皆様が笑顔で楽しい時間が共有できるようにしたいと思います。

エピローグ

先日駐車場に車を止めて用足しをし、戻ってドアを開けてバッグを置いてごそごそしていたとき、屈強な50歳代と思われる男性が隣の車の陰からスッと現れて、「ドアがこっちの車のドアに当たっているんだけど！」と怒った顔で近づいてきました。

「すみません。でも触っているだけで、傷はついていませんが」と言うと「そんな態度でいいのか？」とすごまれてしまいました。

あまりの剣幕に「申し訳ありません。どうしたらいいですか？」と何度も謝っていると疑わしい目で、「おたくの車のナンバーを控えさせてもらってもいいのか？」との返事。

「はい。では、名刺を差し上げますので、何か問題があれば、連絡してください」と咄嗟《とっさ》に名刺を渡してしまいました。後で問題になると嫌なので、相手の車の触れた所を写メしようと思いましたが、すでに遅し、相手は立ち去ってしまいました。

後で考えると警察に連絡したほうがよかったと後悔しましたが、かすり傷さえもなく本当に触れただけだったので、油断してしまいました。

ディーラーにすぐに電話して事情を話すと「大丈夫だと思うけど、万が一相手から何か問題で連絡があったら、『警察で事故証明をもらってください』と言ってください」とのこと。

少し安心したものの、名刺に勤務先の住所が載っていたため、念のため当施設の吉田隆幸事務局長にも説明しました。相手の態度に憤慨しながら、「触れただけなのに傷もないし、変な人だと思わない?」とまくしたてると、意外な言葉が返ってきました。

「確かに変な人かもしれません。でも、そうでないかもです。50代の男性の年齢は子育ても一区切りつき、やっと自分の好きなものを買える年齢です。貯めたお金でやっと買えた、または長期ローンを組んで手に入れた車はその人にとって、宝なのです。大切なものを他人に触れられたくない。その気持ちは同年代として、よく理解できます」と。

私はそれを聞いて自分の浅はかさを反省しました。まだまだだな！　と思いました。常に相手の立場になって考えることを心がけてきた私でしたが、75歳になっても学ぶべきことはたくさんあると思いました。連絡が来たら真摯に謝ろうと思いました。

こうやって、近頃色々なことを考えます。

仙台医療センター麻酔科部長を辞して少し時間に余裕ができたからでしょうか？

本当のことを言うと、あなたがいなくなってから最初は一人が楽でした。

自由な時間と選択があなたの記憶を消してくれると本気で私は信じていました。だけど、朝早く一人で目覚め、隣にあなたがいないという現実に気づいたときに、知らず知らず涙がこぼれます。私を笑わせてくれた昔のあの口調も懐かしい。私は変わってしまいました。昔ほど笑わなくなったし、あなたと過ごしていた頃よりも少しやせました。私を理解しようとしてくれた日々を、あなたの束縛だと勘違いして、反抗的なことばかり。

今、あなたとの想い出を書きながら知らず知らずのうちに涙がこぼれます。

本当に大事なものは隠れて見えない、ささやかな日々の中にかけがえのない喜びがあったことを痛感しています。夫婦二人づれを見ると一人ぼっちであることを思い知らされ、とてつもなく羨ましく思い、落ち込んでしまう自分がいます。

生きることの意味を考えるとき、胸に浮かぶのはあなたの温かさ、この世界の片隅で巡り合えた奇跡は、何物にも代えがたい大切な宝物でした。でも、これではいけないんですよね。

ノスタルジアからは何も生まれないことを知っています。

今年で七回忌を迎えます。

前を向いて歩かなければ、いつも前向きだったあなたに叱られますよね。私たちはよく笑いました。ドラマやお笑いを見て抱腹絶倒、笑い転げたことを懐かしく思い出します。笑いは、幸福感や鎮痛作用がある脳内物質「β-エンドルフィン」の分泌を促すことが分かっています。

「笑う門には福来たる」と言いますが、人々は昔から笑うと幸せを感じ、痛みや辛さが和らぐことを経験的に分かっていたのでしょう。β-エンドルフィンは、出産時や臨終のときにも分泌されるとのことなので、神様が、最も辛いときに人類に与えた最高の恩恵といえるでしょう。

ハーバード大学が人の幸福度について84年間にわたり2000人以上を追跡調査した有名な研究があります。この研究によりますと、健康で幸せな人生を送るために必要なのは「よい人間関係」だそうです。

そう考えると私は、幸せな人生を送っているのだと思います。

自分を含めて同じような立場の人たちに贈りたい言葉を書いてきましたが、最終的には自分を奮い立たせるために書きつづったような気がします。少しでも読者の皆様の参考になれば幸いです。さあ、笑って、元気に仲間と幸せな人生を送りましょう！

最後に

２０２４年1月1日に石川県で発生した能登半島地震後、さらに北部を襲った記録的な豪雨で、今なお復旧が困難を極め、言葉にならないほど悲惨な映像が連日テレビで放映されています。２０１１年3月11日の東日本大震災を思い出します。ライフラインの停止はどんなに辛かったことか。　被災地の皆様は、豪雨は地震よりもひどいと激白されています。

一瞬にして家や家族を失い戸惑う被災者の皆様には、何と言ったらいいか胸が痛みます。心からお見舞い申し上げます。

世界では、戦争や内紛が起こり医療施設まで破壊されるという理不尽なことが繰り返されています。何気ない普通の生活がどんなに幸せであるかということを思い知らされます。平和な日々に感謝して、何か自分にできることを精いっぱい行い、社会に少しでも還元できればと精進していきたいと思います。

亡くなった人が教えてくれること
残された人は、いかにして生きるべきか

発行日　2025年1月6日　第1刷

著者　川村隆枝

本書プロジェクトチーム
編集統括　柿内尚文
編集担当　入江翔子
カバーイラスト　新木しょうご
イラスト　風間勇人、KIITO/PIXTA（ピクスタ）
デザイン　原田恵都子（Harada + Harada）
DTP　藤田ひかる（ユニオンワークス）
校正　澤近朋子

営業統括　丸山敏生
営業推進　増尾友裕、綱脇愛、桐山敦子、相澤いづみ、寺内未来子
販売促進　池田孝一郎、石井耕平、熊切絵理、菊山清佳、山口瑞穂、
吉村寿美子、矢橋寛子、遠藤真知子、森田真紀、氏家和佳子
プロモーション　山田美恵

編集　小林英史、栗田亘、村上芳子、大住兼正、菊地貴広、山田吉之、
大西志帆、福田麻衣、小澤由利子
メディア開発　池田剛、中山景、中村悟志、長野太介、志摩晃司
管理部　早坂裕子、生越こずえ、本間美咲
発行人　坂下毅

発行所　株式会社アスコム

〒105-0003
東京都港区西新橋2-23-1　3東洋海事ビル
TEL：03-5425-6625

印刷・製本　日経印刷株式会社

Printed in Japan ISBN 978-4-7762-1379-6